擺脫執著與束縛，讓人生過得更美好

比べず、とらわれず、生きる

傾聽內心的聲音，坦率做自己

枡野俊明 著
楊鈺儀 譯

前言

過去、現在、未來。佛教稱此為「三世」。

我們人就活在這三個時間段中。

緬懷消逝的過去、心中懷著對未來的希望、活在當下。偶爾執著於過去的自我，偶爾對未來懷抱不安，但仍舊是活在當下的時間中。

這就是人生。

在禪的世界中，不存在過去與未來。只有「現在」這個時間。與其說是不存在，不執著於過去或未來比較正確。

存在於禪之中的，只有「當下」這個瞬間。

該如何活用這個瞬間呢？別去想已經逝去的過往，也別去嚮往還沒到來的未來，而是認真面對現在這個時間點。

我認為，有這種心態，才有人生。

時間分分秒秒在流逝。一個星期前與昨天當然是過去，甚至連五分鐘前也已是過去的事了。

現在各位在讀的這本書也是，前一頁已然成為了過去，再也無法回到那段時間中。

說得更深入些，連一個呼吸都是如此。

吐氣，吸氣。在這一個吐納之中，也有著過去。吐出來的氣息已經成了過去，而正在吸氣的當下則是現在。

就像這樣，過去瞬間消逝了，現在來到了眼前。正是因為不斷累積重複了這些瞬間，才構築出長久的人生。

有句禪語叫「而今」。這個詞是用來表示「過去的時間」「現在這個瞬間不會再有第二次」的意思。

若是不想著這瞬間，只執著於過去，就完全無法前進。

接受並放下過去的事，人才能往前看。若自己的心總是對過去戀戀不捨，人生就無法前進。

擔心尚未發生的未來，無所事事地度過當下的時間也是一樣。

人生的真實只存在於「當下」這個時間中。正因如此，我們才要認真活在當下。這就是禪的基本教喻。

生命是有限的。如果這世界上有什麼是真實的，那就是人必定會死。

這世上沒有永恆的生命。被生下來的生命，百分百會迎來命終，但我們不知道結束何時到來。

或許明天就會結束。若是如此，我們就得好好感謝現在還活著，並全心全意活在這個瞬間。

我是名禪僧，所以經常會意識到這件事。當然，就現實上來說，我認為不會明天就迎來死亡。

正因為相信有明天，所以早在幾個月前會先排好行事曆，約定事項也是幾個月前就先約好。

即便如此，在心底某處，我仍經常思及死亡而活。或許說起意識到死亡會給人一種負面印象，但事情絕非如此。

正因為在心底某處意識到死亡，才會湧上重視活著時間的心情。才會想珍重現在、當下的瞬間。

也就是說，意識到死亡等同於意識到活著。這會讓我們留心不要浪費被賦予的生命而活，不要漫不經心地活著。這份留心將會豐富我們的人生。

生命並非是自己的。我們總認為自己的生命是自己的，所以就輕忽怠慢。

可是那是錯誤的。就禪的思考來說，生命是祖先們留給我們的。

從數百年、幾千年前起，眾多祖先們結起了緣，然後獲得了一個生命。那生命終有一天必須還回去。生命回歸之處，佛教稱之為「佛國」。

在這世間結束生命後，大家都會回到佛國，把生命還回去。

正因為是總有一天要還回去的東西，所以必須好好使用、對待，不可以隨便。

既然如此，我們要怎麼珍重生命呢？

答案是——努力活在當下這個須臾之間。

對我們人生來說，一句話的力量非常重要。

單那一句話，就有可能成為人生的指標。

單是碰上那一句話，就有可能被拯救。

總有句話能貼近自己的人生，遇見那句話是很重要的。

有很多禪語從以前就一直被承繼下來。

每一句都有著深深的慈悲與撫慰。有些禪語應該所有人都聽過。可是總的說來，大家對禪語還不太熟悉。其中有很多內容難以理解也是事實。

因此本書中，我會將承繼下來的許多禪語當成指標，試著以自己的方式，一一簡單說明。

所有話語都承繼了禪的教喻，但我盡可能寫得好懂些。若本書中有一句話語能滲入各位的心中，貼近各位的人生，那就太好了。

建功寺住持　枡野俊明

目次

第2章 培育自我

第3章 活在當下

第1章

一切都是由自己心識變現而來

不論歡喜、痛苦、悲傷
還是憤怒、迷惘，
一切都是你的心所生出的

01

一切唯心造

不安或擔心都是自己心靈創造出來的

我們活著時，總有各種各樣的不安及擔心。我從沒認識過完全沒有不安，或完全沒有擔心事的人。

從大大的不安到小小的擔心，雖然程度有差，但不論是哪一種，我們活著時都得面對。這就是所謂的人生。

我們總是心懷幾件擔心事。或許只要活著，這就難免，但絕不可以被擔心牽著鼻子走。

若不論睡覺或清醒時都深受不安感所折磨，最後心靈就會生病。雖有不安，但目光別總是局限在那上面，可以試著稍微拉開點距離去看。

面對不安與擔心的事情，我可以先告訴各位一件事。

那就是，不論是不安還是擔心都存在於未來。

而且那些令你擔心的事在成為過去的瞬間就會變得淡薄，又或者是會全都忘記。

例如在下雨天送讀國小的孩子出門時，做母親的不禁會擔心孩子走在泥濘中是否會舉步維艱而跌倒？淋到雨會不會感冒？父母親總是會擔心這擔心那的。

然而實際上，幾乎沒有孩子會因為下雨而跌倒。也沒幾個孩子會因為淋雨而感冒。

幾乎所有擔心的事，實際上都不會發生。

到了傍晚，孩子就健康地回家了。到了這個時間點，早上的擔心就全消失不見了。

但即便沒了今早的擔心，接著又會新產生明天的擔心。明天氣溫好像會升高，孩子會不會中暑？人的心真是有趣啊。

有句禪語是：「一切唯心造。」

意思就是，所有現象都是我們心靈打造出來的。

試著思考一下就會知道，不安或擔心並不是實際情況。

請試著列出你現在所懷有的擔心。那些一定都是還沒發生的事，沒有在現實中發生，所以都是幻想世界中的事。只是自己隨意想像，才變成了不安。

有人會想著，如果生了大病該怎麼辦而不安。我非常能理解這種心情，明明現在還很健康，卻淨想著將來生的病。若總是擔心這件事，才反而會接近疾病。

若現在是健康的，就心存感謝並努力度過每一天；若不幸罹病，到時再去想就好。

若實際上真生了病，就不會有閒暇去感到不安，只能好好面對疾病。人類是有被賦予力量去對抗這些的。

別製造出一堆不安，要把目光專注在現在這個瞬間。

然而，擔心也並非都是負面的。有句話叫「好操心」，我也正好是這類人。

例如工作上跟人約了下午一點見面，好操心的我不禁就會做出多餘的想像。如果電車誤點了怎麼辦？如果路上很多車，塞車了怎麼辦？這些擔心事項不斷在我腦中盤旋。

我為了除去這些擔心，一定會提早出門，在約定時間的十五分鐘前抵達。有了多出來的十五分鐘，電車就算誤點也能趕上。若碰上塞車，就可以下高速公路轉走其他道路。

我會用行動來減少心靈所製造出來的擔心。

即便如此，若還是碰上會遲到的事態，我就會想著，那也是莫可奈何的。若電車誤點一小時，那就只能隨遇而安了。

只要這麼一想，擔心就不全都是不好的。

如果真的擔心，就努力別讓那些事情發生。若能靠自己的行動和意志來避免，就盡量去做能做到的事

最不好的就是只顧著擔心，卻不主動做任何事。

02

本來無一物

沒人擁有任何東西

「本來無一物」是句很有名的禪語。人出生在世，什麼也沒帶來，完全是赤身裸體被生下來。

什麼也沒有，指的不只是「物」，連惡意邪心也沒有。沒有忌妒心就沒有執著心，完全是以一顆純粹的心誕生在這世上。

然而長大成人後，我們獲得了許多東西。不僅有物品和財產，也包括了社會地位與學歷。

於是我們就錯以為這些東西都是我們生而既有的。本來該是無一物，但我們卻完全忘了這件事。

更糟的是，人會對曾獲得之物不想放手。擔心好像會失去一切而執著起來。

最後產生「要是失去了現在擁有的東西該怎麼辦」的不安感。

不想放手曾獲得的東西，又想要新的東西。不知道停止物欲，身邊不知不覺堆滿了物品。因為堆滿了物品，不安感更加強烈。

所謂的「本來無一物」完全是與此相反的心理活動。

有人想要很多包包。每次只要有新款皮包上市就會想要。衣櫥中有幾十個包包還不滿足，想一個接一個地買。

其中應該也有皮包是只用過一次或買了就忘記。儘管如此，卻仍執著於買包，害怕失去。

請看看那些沉睡在衣櫥裡的皮包。每一個皮包中，一定都塞滿了「不安」，絕不會塞滿「幸福」和「滿足感」。

「不安」擠滿了衣櫥。生活在其中應該很難說是幸福的。

不論收集了多少皮包或鞋子，也帶不去彼世。財產與地位也一樣。說得更甚些，在此世得到的所有東西，不過是心中生出的幻想而已。

被幻想束縛著而活，只會生出更多不安。

放手。放下會生出多餘不安的東西。

話雖這麼說，人很難乾脆放下已得到的東西。我也很理解大家的心情，不想放下努力工作賺錢買來的皮包。因此我說：「首先請放下一％。」若有一百個皮包，放下其中的十％，就是失去十個皮包，這數量可是非常多的。

可是若只放手一％，也就是一個，應該就能做到。

試著放手明顯已經不再使用的一個皮包。可以給朋友，也可以賣到二手商店去。也許各位會覺得一％真的非常少，但這卻是極大的改變契機。

因為只要放下一個東西，就能看到對自己來說無用的東西。

消除身邊的無用之物後，不知不覺中就能消除不必要的不安感。

對自己的人生來說，什麼是重要的？真正需要什麼？什麼是絕對不能放手的？能看清楚這些的時候，人生就會變得豐富起來。

我們禪僧在修行時，每人被分配到的空間只有一疊榻榻米大小。房間中有壁櫥，裡面只放有最低限度的生活必需品，完全沒有多餘的東西。

過著這種生活時，物欲就漸漸消失了，心情也變得分外清爽。

大家的生活沒必要過得和僧侶一樣。

不過請看一下自己週遭。

塞滿了東西的房間。或許你所懷抱的不安，有一半以上都蟄伏在這滿滿的東西中。

請儘快放下這「無用的不安」吧。

03

無繩自縛

束縛你的是你自己

我們在社會中總是被各種東西所束縛。

像是為了維護社會秩序所不可或缺的法律。雖然因此受到了拘束，但大家都會理所當然地遵守。

但是，束縛我們的東西有比法律更棘手的，那就是「常識」。

例如學校畢業後就要就業是常識；工作後要結婚、組建家庭是常識；要在任職公司做到退休是常識；夫妻要同葬是常識等。

究竟這些是否真是理所應當的呢？

當然也可以把這些常識當成是自己的人生指標，毫不抵抗地走上這些道路。這種生活方式也不錯。

可是，每個人都不一樣。即便年齡相同，十個人就會有十種生活方式。大家並非都生活在同一常識中。

深信著理所當然的事；責備自己做不到理所當然的事。這種人很多。

深信工作順利是理所當然的；深信育兒是理所當然的。

又或是告訴自己，因為是夫妻，這些事是理所當然的。若做不到理所當然的事，就覺得是自己的錯。

若你正為眼前「理所當然」的事所苦，請試著列出那些「理所當然」。這些事，真的都是「理所當然」嗎？也許只是你自己如此深信而已。

以下舉個非常容易理解的例子。

「有很多錢就能變幸福。」

應該有很多人這麼相信。

那麼，擁有很多錢就真的能變幸福嗎？

我認為這完全是誤解。人的幸福不是能被金錢所左右的廉價品。雖然錢能買到各式物品，但無法買到幸福。

很多人雖知道這點，卻仍執著於這項「理所當然」。

請質疑所謂的「理所當然」。

那真的是理所當然的嗎？對誰來說是理所當然的？

即便對很多人來說是理所當然的，但對自己來說並非如此。要知道，有很多事情都是如此。唯有遇見屬於自己的「理所當然」，才能活出自己的人生。

有句禪語是：「無繩自縛。」

其實，沒有束縛住自己的繩子。束縛自己的不過是自己的成見。這意思是，人的心本來就是自由的。

是自己的成見束縛住自己的心。心靈不知從何時起無法感受到自由，最終喪失了自己的人生。在變成這樣之前，要自己解開繩子。

束縛你心的繩子，沒人能幫忙解開。只有自己能解開繩子。

人生的道路絕非只有一條，其中有好幾條岔路。那麼，要選哪條路才能變幸福呢？哪條路才是通往幸福的捷徑呢？

人生中沒有捷徑。用不被任何事物束縛的心來選擇道路，那就是專屬於自己的捷徑。

要經常捫心自問：

「自己走上的這條路到底好不好？」

「這是自己該走的路嗎？」

「對自己來說，幸福是什麼？」

藉著向自己內心提出問題，可以一點一滴解開心上的繩結。

04 主角

人生的主角是你自己

有個詞叫「主角」。這是現在經常使用在連續劇和電影中的詞，但這本來是禪在用的詞，和我們日常在使用的意思有些許不同。

禪所謂的「主角」，意思是「自己本來的形貌」，即「本來的自己」。

自己究竟是什麼樣的人？

自己該走的路在哪裡？

禪僧為了遇見這個「本來的自己」而不斷修行。

因為各位不是僧侶，所以不需要鑽牛角尖想到這個地步。但仍要隨時記在腦中。

「我的人生就這樣了嗎？」

「哪個才是我真正的人生？」

「自己已變得看不清了。」

有時我會遇見懷抱這些煩惱的人。

正因為認真想找出自己的生活方式，才會出現這些煩惱。

正因為拚了命尋找自我，才會生出煩惱。所以我會對這些人說：

「請相信你現在正在走的路，就是你的人生。或許這條路有天會改變，但在道路改變之前，請不要迷惘地在這條路上前進。」

我再寫得更具體些吧。

有很多女性結婚生小孩後，就凡事以育兒為優先考量，並且忍耐著不去做想做的事。這些女性可以說是終其一生都在育兒。

她們會說：「我一直都只在做家事與育兒。自己的人生到底算什麼？」有人會說出像是育兒時期簡直是在浪費時間的話。當然，她們不會認為那是在浪費時間，只是會在心中想著，是不是還有別種生活方式？

我則是認為，雖然她們「只做家事與育兒」，但能完成這件事真的很了不起。

每天早上都要幫孩子做便當，守護他們成長。在孩子長大到能獨當一面的二十年之間，費盡了心力。再沒有比這更了不起的經歷了。

不是「只有育兒」，女性可以堂堂正正地說：「我一路養大了孩子」。女性能挺起胸膛這麼說時，就會成為自己人生的主角。

是否能成為主角端看自己有什麼樣的心態。

盡心盡力於自己現在該做的事，不被隔壁的道路轉移注意力，才能成為人生的主角。

就像「外國的月亮比較圓」這句話所說的，人總是會不經意去關注別人所擁有的。

羨慕別人所走的道路。覺得自己所處的世界實在無聊透頂。有時還會嫌棄平凡無奇的日常。

可是去關注別人所有的事物沒有一點好處。

人往往羨慕走在隔壁路上的人，可是一旦走上別人走的那條路，卻又發現那條路難走得不得了。

這是當然的。因為隔壁的路是隔壁人的人生。

出現在他人人生的舞台上時，你是當不了主角的。能成為主角的地方，只有自己賦予自己的道路。

雖然有時會覺得自己正在走的路並不合適，不論怎麼努力都很難走下去。可是人生很有趣，若那條路真的不適合自己，前方一定會出現岔路。碰上那岔路時，只要停下來思考一下就好。

若道路沒有分岔而是持續下去，就努力邁步前進，相信你現在正在走的這條路吧。

05

心外無別法

不是要變幸福，而是要感受幸福

所有人都期望能獲得幸福，這是人本能的願望。那麼，要怎麼做才能獲得幸福？

許多人會說：「想要更多錢，這樣就能變得更幸福。」

那麼，到底要多少錢才是幸福？一千萬？一億？只要有這些錢，就能獲得幸福嗎？這幸福又會持續一輩子嗎？

所有人都知道答案是「ＮＯ」，但卻仍舊在金錢、物品上渴求幸福。

金錢的確很重要，可是金錢和物品能給予我們的只是暫時的幸福，無法永遠持續下去。

幸福不是「變得」與「無法變得」的問題，而是自己心靈感受上的問題。

不是要「變得」幸福，幸福是要用「感受」的。

我的朋友跟我說了一位老婆婆的故事，這個故事讓人印象深刻。

老婆婆有個不離身的重要東西，珍藏了好幾十年。

那是她孩子讀小學時給她的幾張「捶背卷」。

這名女性的丈夫很早就去世了，她作為職業婦女，一個人養大孩子。雖然不停工作，生活卻不輕鬆，勉勉強強才能讓兩個人活下去。更不用說寬裕到可以給兒子零用錢。

某年的母親節，兒子的朋友們都在熱烈討論要送什麼禮物給媽媽，有人說要買蛋糕，有人要送花。

可是，他完全沒有零用錢。因此兒子做了「捶背卷」給母親，他說：「一張可以幫媽媽按摩肩膀二十分鐘。」

母親工作回來後，每天都會遞給兒子一張「捶背券」。兒子用他的小手，拚命按摩母親的肩膀。感受到兒子雙手溫暖的同時，她也打心底感受到了幸福。

最後，兒子長大後很優秀，成了大企業的部長。

他每年母親節都會回老家，送媽媽高級的裝飾品或衣服當禮物。對母親來說，應該沒有比這更高興的事了！

但是比起這些高級禮物，對她來說，最棒的禮物還是兒子讀小學時送她的「捶背券」。

有次，她給兒子看那張「捶背券」。

兒子說：「這種東西妳還留著啊？」

母親回答：「因為這是我這輩子收過最開心的禮物！」

聽完母親的回答，兒子微笑地點點頭。

在那個兒子的微笑中，我感受到了溫暖的幸福。

幸福就在各位身邊。只要稍微努力點尋找，一定能發現。

嘆息著「自己很不幸」的人只是還沒發現幸福罷了。

請收集散落在周邊的許多幸福，並用心感受著這些微小的幸福而活。

例如早上起床時，太陽光從窗外射入，耳邊傳來了鳥兒們的鳴囀，今天又是新的開始。你會發現，光是這樣，就是近乎奇蹟的幸福。

幸與不幸，都是由心所形成的。
不，就連煩惱與不安也是自己心靈所形成的。
在你身邊出現的一切，其實都是你的心所做成的。
發生在這世界上的一切現象，不過是感受到一切的人們心靈的顯現而已，那些並非是不同於心的存在。
禪就以「心外無別法」這句話來表示。

06

水急不流月

察覺到比較的愚蠢

我們總會不經意就把自己和他人做比較。

「鄰居的家比自己家大。」

「鄰居的先生是部長，我家丈夫連課長都不是。」

「可是啊，我家孩子上的國中比較好，所以這點贏了。」

總之有很多人都活在比較中。

為什麼我們這麼愛比較？一定是因為想藉由和別人比較來凸顯自我。羨慕比自己幸福的人，嘲笑比自己不幸的人。這麼想來，和人比較這件事，真是非常悲慘又丟臉。

很多的不安與煩惱也都是從比較中生出。

例如為還沒到來的晚年生活懷抱不安：

「社會的平均存款是多少呢？可是我沒有那麼多存款，這樣下去，退休後就無法過得很寬裕。」

又或是煩惱：「同年紀的人都很有朝氣地在工作，紮實地累積經歷。跟他們比起來，我只是個家庭主婦，這樣的人生真的好嗎？」

但各位完全不需要煩惱。若要和社會上的平均存款做比較，那真是比不勝比。若真擔心，只要努力存錢就好。只要忍著不買想要的東西就好。就算同年紀的人都很有活力地在工作，那也是他們的人生，你不需要去模仿。

我想，這麼一來，有八成的煩惱與不安都會消失。

我認識的人當中，有對夫妻的孩子生下來就有障礙。

從小就體弱，智能發展也很遲緩。即便到了上小學的年齡，也不能和大家上同樣的學校，要進入特殊教育學校就讀。

那時候，他們很羨慕其他孩子。每次看著健康跑來跑去的小學生們，他們就忍不住會和自己的孩子做比較。

然後他們會開始自責生出這樣的孩子，想著為什麼只有自己的孩子不「普通」呢？

那個孩子無法說話，甚至不知道悲喜。那對夫婦認為，他們無法與那孩子心靈相通。

可是這其中有著很大的誤解。

那個孩子會用眼睛來表達情緒。那對夫妻在拿自己孩子與其他孩子做比較時，他會露出非常悲傷的眼神；父母對他表達愛時，他則會露出非常開心的眼神。

即便不會說話，這孩子仍努力在傳達心聲。這對夫妻說，當得知孩子擁有這般心情，他們突然醒悟了。

拿他人的孩子與我的孩子比較，一點意義都沒有。這孩子有他獨特的優點，有他獨特的任務。他們說，為什麼自己身為父母卻無法信任孩子呢？內心滿滿的自責。

從那之後，這對夫妻就擺脫了所有的比較。

與他人比較絕不會獲得幸福感。

終於得到這答案時，那對夫妻的人生突然出現一百八十度大轉變。

他們不僅不再拿自己孩子與別人做比較，連自己本身也停止去與人做比較。

那位先生露出非常棒的笑容說：

「我由衷感謝這孩子的出生，這孩子教會了我們重要的事。託這個孩子的福，我們現在都被滿滿的幸福包圍著。」

「水急不流月」這句禪語是在說，不論哪條河川的水流有多迅急，也無法流掉映在水面上的月亮。不可以被世間的潮流所吞沒。自己要像映在水面上的月影般。

沒錯，這對夫妻的心正是映在水面上的美麗月影。

喜捨 07

把執著心
當成浮雲

去參拜佛寺、神社時，人們會投香油錢。這稱做喜捨。

「喜捨」的意思並非指捐香油錢，而是指捨去心中所懷有的執著和堅持。

投香油錢時，試著捨去現在束縛住自己的事物，藉由捨去來解放心靈。

所有人多少都對事物有執著心。我們無法做到完全捨去某些事物，可是那份執著心正是讓我們陷於痛苦的原因。

禪僧修行的目的就是要將自己從這執著心中解放出來。我們稱一次的坐禪為「一炷」。一根香燃盡的時間，大約是四十分鐘。在這四十分鐘的坐禪中，禪僧都在想些什麼呢？若能長時間處在無的境界中當然好，但即便是被稱作高僧的人，也頗難做到這點。

禪僧也是人，所以在坐禪時，腦中也會浮現各種念頭。

有時會想著：「肚子好餓喔！」這點真是莫可奈何。可是禪僧不會執著於空腹上，而是會立刻將「肚子好餓喔！」的念頭逐出腦中。

我們會湧現各種念頭。可是不會被任一念頭所束縛，會視其為飄浮在空中的雲朵般。

所謂的禪修行，就是不執著於一個念頭，隨時保持自由的心靈。

例如有人會執著於戀人，非那個人不可，沒了那人就活不下去似的。正因為有這份執著心，自己的心靈才備受束縛。

總是害怕對方的心遠離自己。戀愛應該是件幸福的事，不知不覺間卻只剩下痛苦。

執著於對方與愛著對方是兩件完全不同的事。

執著心只棲息在自己心中，所以會想著：「沒有那人就活不下去。」但真的是這樣嗎？這難道不是自己任意決定的嗎？

這只是執著於自己愛著那個人的心情，卻不是執著於那個人。在那執著中，既看不見對方的身影，也看不見自己的。不過是盤據在心中的妄想而已。

若真愛著對方，不妨試著輕鬆以對那份心緒。

所謂的輕鬆以對，並非是指去遺忘或討厭對方，而是在瞬間忘記「愛」這份心情。若是真的愛情，遺忘的感情會立刻又回來的。

試著忘了又想起，想起後再度捨棄。人的心要像這樣，恰到好處地做出調整。

人的心千變萬化。

正因為有變化，人才能隨時往前看。絲毫不變的心，只會束縛住人的生活方式。

一休是有名的高僧。某次，弟子們陪著他走過街市。

突然從一間店家中傳出了烤鰻魚的香味。

那香味吸引了一休的心。

他說：「這是在烤鰻魚嗎？味道真香。」

弟子們聽到這句話後大吃一驚：

「師父，僧侶可以被鰻魚的味道給吸引去心神嗎？」
一休還沒回覆這問題，他們一行人就回到了佛寺。
這時，弟子說：「不過話說回來，那個鰻魚的味道好香啊。」
一休和尚於是回答：
「你啊，還在想那件事嗎？我早就忘了。我已經將那鰻魚的味道留在那家店前了。」
這回答真是漂亮啊。

08

下載清風

放下，心靈就會變輕鬆

所有人的心中都棲息著物欲。

想獲得某些東西，想得到更多。即便知道那些是不需要的，還是無法從物欲中脫身。

那將會生出煩惱的種子。

物欲沒有盡頭。例如想要新手錶時，我們會存錢去買手錶，獲得手錶時會格外高興。

但是，高興的心情會隨著時間的過去逐漸變薄弱。經過半年後，又會想要新手錶。雖然想，卻無法買，於是產生不滿與煩惱。

物欲無法靠物品來解決。

乍看之下會覺得似乎可以用物品來解決，其實並非如此，物欲要靠心來解決。

那麼，物欲背後究竟藏了些什麼？

我想，應該是虛榮心。

前幾天，有位三十幾歲的女性說她那個月有兩名朋友都要舉辦婚禮。兩人都是她大學時期的朋友，因此出席婚禮的人會重疊到。這麼一來，就無法穿同一套禮服。

她不想被人認為：「那個人上次也穿同一件禮服。」

不想被人認為自己只有一套禮服。

因為這個原因，她借了錢去買新禮服。但因為價錢不便宜，之後有超過半年都在償還買禮服的錢。

大家不覺得這種事很無謂嗎？為什麼不能穿同一件禮服出席呢？只有一件禮服是很可恥的事嗎？這不過是虛榮心在作祟罷了。

我能理解大家想讓自己看起來很棒的心情，有時或許還會因打腫臉充胖子而讓自己有所成長。

但還是盡可能放下虛榮心會比較好。若因為打腫臉充胖子而讓生活變得困窘，那也未免太悲傷了。

我聽說有些女性會到處收購名牌包。收購五十個、一百個，收進衣櫥中放著。這也是被虛榮心所生出的物欲給支配了。

包包只需要三個就很夠用了。工作用的一個，平常用的一個，喪葬婚禮時用的一個。包包的鉤釦壞了就修理，若太舊了，到時再買新的換掉就好。

也就是說，一百個皮包中，有九十七個都貼有「虛榮」的標籤。

本人可能會因為自己擁有這麼多皮包而自豪，但就別人看來，那卻很滑稽。更別提還拿出來炫耀，簡直是在貶低自我。

放下不需要的東西，擁有惜物的心。我認為，那份心意才會讓一個人閃閃發光。

我佛寺的檀家*中有位四十幾歲的女性，她每個月都會來掃一次墓，我

*註：檀家，指屬於固定佛寺的信徒，以家族為單位，是日本佛教特有之制度。

經常會和她打招呼。那名女性總是拿著同一個包包。

那個皮包很明顯就像是小孩子拿的布製手提包。

有次，我問了她關於那手提包的事。

那名婦人微微一笑地回答我：

「這手提包是女兒在小學時用的。雖然女兒說很丟臉，叫我不要再用了，但因為還能用，丟掉了很可惜。」

「她真是位過著美麗人生的人啊！」我打心底這麼認為。那名女性一定沒被無謂的虛榮心所迷惑，筆直地走在自己的人生道路上。

有句話叫：「下載清風。」指的是卸下重物的船，輕快地迎風而行。

我們也要放下心靈的重擔——虛榮心與物欲。

不要只想著要獲得什麼，而要關注放下。若積累了過多虛榮的重擔，最後，心這艘船就會沉了。

09

日日是好日

不安和煩惱

不會持續一輩子

世間萬物一刻都不會停留，就像打來的波浪、季節的遞嬗，隨時都在變化。

「這世上，沒有『常』。」

這就是「無常」，是佛教的基本觀念。

我們人也是無常的存在。

比起今日，明日將增長年歲，雖只有一點點，卻確實在逼近死亡。

就連心也會改變。

兩人墜入情網，然後結婚，宣誓著永恆的愛。隨時間經過，彼此的心卻都有了改變。一方會說：「那個人變了。」自己沒變，只有那個人變了。

但這其實不對。

是兩人都變了。人總是對對方的改變很敏感，對自己的變化卻很鈍感。

不過，改變並非壞事。雙方都會變是理所當然的，沒有人是完全不會變的。

重要的是，能接受彼此的改變，並且保持著對對方的感情。別只是注意對方的變化，也要坦然面對自己也變了，然後彼此享受彼此的變化。

以坦率的眼光注視彼此的變化時，就能從中發現「不變」的模樣。所有人都有與生俱來且不會改變的本質。或許也可以說是沒想著要改變。

我們正是要以溫暖的目光去凝視彼此的本質，那將能加深彼此間的羈絆。別總是被表面的改變給奪去了目光。

就像這樣，人的心不是恆常不變的。所以，由心所生出的煩惱與不安，也非恆常不變。

絕對沒有永遠的煩惱與痛苦，有時能靠自己的力量消除，又或是在不知不覺中消去。有時一些非常大的痛苦甚至會因一個轉變而變成喜悅。

舉個例子來說，請試著回想你青春期所懷抱的煩惱。

「能否成為獨當一面的大人？」
「能找到工作嗎？」
「能結婚，與人共組家庭嗎？」
「能找到自己想做的事嗎？」
你青春期時所懷抱的煩惱，至今仍同樣煩惱著嗎？
應該沒人是這樣吧。長大成人後，在不斷累積經驗時，幾乎所有煩惱都會消失。
應該會覺得：「現在回想起來，當時煩惱的還真是小事啊！」就算不努力消除煩惱，隨著日子過去，自然就會消滅，幾乎所有煩惱都是這樣。
當然，就算青春期的煩惱沒了，又會產生新的煩惱與痛苦。那些事應該是比年輕時更嚴肅的。人生的經驗愈積愈多，煩惱的範圍也會增大。
即便如此，時間也能解決一切。痛苦不會永遠糾纏著自己不放。三十多歲的煩惱，到了七十歲時就會忘得一乾二淨。正因如此，人才能活下去。
煩惱與不安不是恆常不變的。請如此相信，並好好地度過今天。

有句禪語叫：「日日是好日。」

這意思不是「每天都是很好的一天」。一年中有晴天也有雨天，不是說晴天是好天，雨天是不好的一天。

晴天有晴天的好，雨天有雨天的好。這句話是在告訴我們，只要這麼想，每天對自己來說都會成為很好的一天。

正在煩惱的今天、正在痛苦的今天，也可以把它想成是對自己很好的一天。事情總會改變，所以不需要認定哪一天是不好的一天。

絕不會持續三六五天都是下雨天的。

第**2**章

培育自我

人活在人群中，
在人群中成長，
然後一個人死去。

10

愛語

人是因話語
而連結起來

所有人際關係都有開始。

從初次見面開始，彼此都不是互相了解的。就算知道對方的年齡、工作等，但彼此都不知道互相的為人、稟性。

對方是個什麼樣的人呢？跟自己是不是合得來呢？一開始會相互探尋彼此的心意，加深對彼此的了解。

這時最重要的事，我認為就是話語。

沒有了話語，人與人之間就無法構築起關係。

自己是怎麼思考的？是怎麼想對方的？若將這些鎖在內心深處，就無法讓對方知道自己的想法。

有人會嘆息：「他真不理解我。」但也許是因為自己沒有明確告訴對方。什麼都不說，卻希望對方了解自己。這簡直就是任性的想法。

與人說話的方式也很重要。若是相交幾十年的朋友，不需要使用恭維的言詞，只要心靈美麗，就算稍微用些粗俗的語言也沒關係。

但能有如此信賴關係的人並不多。對於日常接觸的人，最好還是要使用美麗又客氣的詞語。

佛教中稱此為「愛語」。透過使用有愛的語言來溫暖人際關係。若說話帶刺，會讓彼此的心封閉起來。

有許多人雖知道語言的重要性，卻不禁會輕視之。我認識的一對夫妻就是這樣。

這對夫妻結婚多年，就算不用說些什麼，也都知道彼此的想法。那位先生對此不甚在意，不論妻子為他做了什麼，從不曾表達謝意。吃完飯後，一句「我吃飽了，謝謝」都不說。妻子端出茶來，他也視作理所當然，無言地啜飲著。

那位先生是位非常溫柔的人，絕非蠻橫不講理。這點我很清楚。

但有一次，太太向我抱怨先生，她說：

「兩個人在一起時，完全都不會交談。房間中就像烏雲密布般。」

雖然知道這麼做很多餘，但有次我還是跟先生說：

「你現在要跟太太說些溫言軟語時還是會很害羞吧？即便如此，請不要忘記跟妻子說謝謝喔。」

這位先生當然沒有忘記對太太的感謝之情，但總是在心裡默默說著謝謝，從未說出口。沒說出口的話，只能縈繞在自己心中。

把話說出口，語言才有了生命。

某天，這位先生終於向倒茶給他的妻子說：「謝謝。」

妻子在那瞬間懷疑自己聽到的話。她一邊看向有些害羞的先生，一邊流下了眼淚。

頃刻間，包覆在這間房間的烏雲，全都散去變晴朗了。

然後這位太太立下了一個小小的誓言。

「此後的人生也與這人一同度過吧。」

「謝謝」這句話，真是句魔法話語。

在人際關係中，話語很重要，但也不需要太多的話。
不是說能流暢說話的人就叫好。既有人不擅言詞，也有人能言善道。
重要的不在於此，而是是否感謝對方。
人際關係的基礎在心，也就是感謝的心。
請重視「謝謝」這句魔法話語。
充滿著「謝謝」的職場，一定滿溢著朝氣活力。
互說「感謝」的兩人，一定會產生出強烈的羈絆。
隨時都說著「謝謝」的家庭中，一定有著幸福。
我是這麼相信的。

你所看到的模樣
不過是一個面向而已

《般若心經》中有句話是：「色即是空。」

發生在這世間上的所有事都是有原因的。是正巧有條件聚合，才產生某種結果。

例如在人際關係中，因為有了相遇的條件，才開始交往。這個相遇可稱之為「因」，而因那場相遇所生出的關係則稱為「結緣」。

可是，如此締結起來的因緣也不是絕對的。只要條件稍有改變，緣又會跟著改變。歸根到底，這世上所顯現的事物都是「空」。

這說得稍微有點抽象了，以下再說明得更清楚些。

例如你和同事們是因為進入同一間公司才產生了緣。

如果你沒有進入現今這間公司，或許就不會遇見這些人。所以首先要感謝這緣分。

但在公司中，也是有怎樣都合不來的人。

若用喜好來說，就是討厭的人。那個人的說話方式很討厭，你也不喜歡他對待工作的態度。因為無法忽視，所以心中累積了巨大的壓力。

據說，職場煩惱的第一名就是人際關係的壓力。要和討厭的人面對面相處一整天，的確很痛苦。

可是請仔細想。與那個討厭的人是在職場上相遇的。職場不過就是工作的地方，當然要以工作為主。

況且，你只看到了那個人在公司裡的為人。

一旦離開職場，或許對方會與你意氣相投。

人就是這樣，只會在某個條件下判斷他人。

只關注那條件，就如同只看到該人的一部分。

人不禁會下定論：「那個人就是這種人」「那個人的性格就是這樣」。

可是，人不應該如此簡單就被判定。單靠顯現在表面上的一部分來做判斷，只會讓人際關係變得狹隘、受拘束。

例如同年紀孩子的母親們通常會成為朋友，也就是所謂的「媽媽友」。我聽說在這種關係中有很多人都心懷煩惱。

因為是透過孩子而相識，話題都是圍繞在孩子身上。

一談到關於孩子的事就容易情緒化，雙方經常發生齟齬。

因此，兩人的感情變得不融洽，就算住隔壁，也很疏離。

不要只執著於有同年齡的孩子這個條件上，可以試著與對方連結起其他的「因緣」。

具體來說，在送孩子去幼稚園後，大家應該有機會一起喝茶聊天。

這時候可以刻意說些除孩子以外的話題。育兒的事什麼時候都可以說，而且是無論如何都一定會談到的。

正因為如此，好不容易創造出一個只有大人們同聚的條件，就談談其他話題吧。

「自己是如何度過學生時代的？」

「結束育兒後，想從事什麼工作？」

「對自己的人生有什麼想法？」

彼此可以說說自己的事，而非孩子的事。

這麼一來，就會大大改變先前對對方所抱持的印象。

你所看到的那個人的模樣，並非那個人的一切。

如果想珍重與那個人之間的緣分，就要努力去看到他的另一面。

不論是朋友、公司同事還是夫妻間都是如此。

12

薰習

不為人所仰慕，
就仰慕別人

想受眾人喜愛。想得到周遭人的認可。想被許多人羨慕。

有很多人都罹患「想……」的病。

自己什麼努力都不做，就只等著他人做出行動，然後認為不受歡迎不是自己的問題，都是別人的錯。認為自己不受人喜愛是那個人的錯。

若是這麼想，一定永遠都無法構築起良好的人際關係。人與人之間的關係，都是從彼此的心中所產生，只有單方面是無法成立關係的。

可是一定是從某一方開始這關係並打造出能加深這關係的契機。

如果想跟那個人扯上關係，就要由自己先行動。

例如在公司中，你想和某個令你在意的人說上話。

這時候若單只是等著對方來搭話是不會有任何進展的。

首先自己要去打招呼。早上碰面時要微笑說：「早安！」

透過多次的打招呼，讓自己在對方心裡留下印象。這些細微的契機，很多時候都能牽起良好的關係。

「自己很不擅長主動開口。」

「我的性格很內向，做不到這種事。」

如果你是這麼想的，那我認為你的心念也就僅此而已了。有人會把責任推在性格上。認為自己是這樣的性格，所以不擅長與人交往。

我認為那只是懶惰心罷了。與人交往沒有擅不擅長的問題。

市面上常能看到「人際關係的技巧」和「順利與人交往的方法」等書籍，但如果人際關係中有技巧，應該就不會有人為人際交往而煩惱了。

正因其中沒有技巧，人才會為人際關係所煩惱。而正因為沒有相互理解的技巧，人際關係才是有趣又深奧的。

對對方有所期望之前，請先從自己開始，努力構築與該人的關係。只要環視周圍，就能發現有很多有魅力的人。

被人仰慕、有很多人聚在身邊。自己也想變成那樣的人。如果你抱有這種憧憬，就請先試著走近那人的身邊看看。

有句禪語叫：「薰習。」

日本人到了春天，會收起冬天穿的衣服，拿出春天穿的衣服。收衣服時，會放入香袋當防蟲劑使用。那個香袋的香氣會沾染到收起的衣服上。

衣服本來是沒有任何味道的。在季節更替時，因香袋的緣故，就會有很香的味道縈繞在身上。

其實人也是一樣，會互相影響。

只要接近有著美麗心靈的人，自己的心自然也會變得美麗起來。若待在心存不良、作惡多端的人身邊，自己也會被推往惡的一方。

因此，待在受人尊敬的人身邊是很重要的。

仔細觀察那個人的言行舉止。那個人一定正在努力著。比起自己，更優先考慮到身旁的人。沒有人是不做任何事就會受人景仰的。

看著那個人的舉手投足，並省察自己的言行。偶爾也可以模仿一下。努力讓自己身上沾染上那人的香味。

說不定其中就有著「與人交往」的技巧。

13

悟無好惡

好惡是由
自己的心所生出

與人相處時，會附加上喜好、投不投緣的問題。

盡可能不想和討厭的人相處。只想和喜歡的人來往。很多人都會這樣想，但只和喜歡的人來往，就不會有煩惱了嗎？

並非如此。正因為是喜歡的人，才有煩惱。為什麼不理解我呢？之前都很理解我，為什麼現在不能理解？

正因為是喜歡的人，這樣的煩惱才更深刻。

那麼，內心的喜好與否到底是從何生出？其實很多都來自於先入為主的觀念。

例如過去曾和喜歡的人交往過，若某人和那個人有某處相似就會喜歡他。若某人和過去經常吵架的人相似，一定會在同樣的地方討厭那個人，或是受到周遭閒話所左右。

或是只要聽到「大家都很討厭那個人」，一開始就會排斥他。自己也不先確認，就受到某人不負責任的閒話影響。

也就是說，幾乎所有的喜好都在交往前就成形了。

我認為這非常可惜。

例如你的鄰居說了某人的壞話：「最好不要和那個人來往。」你可能會對這句話照單全收，避開那個人。

在此請問大家。為什麼你會這麼相信那位鄰居說的話？那名鄰居和那個人之間的關係，其實和你一點關係都沒有。受到這句閒話所束縛，正如同你自己的人際關係是聽任他人處理一樣。這是活在他人的人際關係中，而非你自己的人際關係。

首先捨棄先入為主的觀念。用自己的心來看人。

我認為，僅憑他人閒話而改變與人交往的人是無法獲得交心的朋友。

接著試著想一下討厭的人。

你為什麼討厭那個人？

答案可能是「討厭他的聲音」「性格上合不來」「外觀很令人討厭」「類型很討厭」等。

請客觀審視這些原因。不過都是情緒上的問題。就對方來說，都是無可奈何的。

認為對方「聲音聽起來很討厭」，但是聲音生來就如此，無法改變。這並非對方的錯，是你的心自己這麼想的。

如此決定會限縮人際關係的範圍。限縮了人際關係的範圍，也就是限縮了人生。這是一大損失。

你也不是要和那個人結婚，也沒有要交往一輩子吧?彼此相關連的時間只占人生中的一小部分。

既然如此，就不要情緒化地去做決定，試著交往看看。

只要捨棄好惡心，就能消除大部分與人交往時會有的煩惱。

不過應該也是有怎樣都無法喜歡的人。有無法勉強喜歡、不擅長應付的人。遇上這種人時，也不需要刻意去討厭對方，只要放著不管就好。

有一天，兩人間的交往會自然地消失。只要靜待那個時候到來即可。若是刻意消除交往關係，反而會從中生出煩惱。

14

開門福壽多

不要隱藏自己的心而活

人無法單獨一個人活下去。不論是多強悍的人，也無法只靠自己一個人活下去。

就算沒有物質上的支持，在某處也有某人支持著。正因如此，人才得以生存。首先請各位將這點銘記在心。

人有強悍的一面也有脆弱的一面。那麼，兩者的比例是如何分配的呢？我認為，脆弱的一面占了絕大部分。

正因為知道了這點，人才會極力隱瞞自己的脆弱，並展現自己的強悍。

為了隱瞞脆弱，人會勉強自己或說謊。

做不到的事也說做得到，或是沒做的事也會說有做。

這樣的心情我不是不懂，但最後，那小小的謊言會把自己逼入窘境。

因為一時的勉強，結果讓自己遇上難題，產生痛苦。

在變成這樣之前，自己的心應該要坦承以對。

與人交往時，人不禁會打腫臉充胖子。

盡可能的不想示弱。不想被人讓著。想靠自己的力量做些事。這絕非壞事。如果覺得靠自己能做得到，盡最大努力去做也很重要。可是當心靈和身體感受到極限，也必須坦率表現出自己的脆弱。

「依賴某人某件事或求助他人，等同於給人添麻煩。要盡可能不給人添麻煩。」

日本人心中一直都有這種想法。我認為這實在是非常美麗的性情。尤其是老年人常會有這種想法。

獨居老人沒有向任何人求助，靜靜地死去。這樣悲傷的新聞屢見不鮮。為什麼連一句求助都不說呢？若向某人求助，就還能度過幸福的時間。我每次看到這類新聞時，心都像被揪緊似的。

這不只發生在老年人身上。有很多母親為育兒而煩惱。還有許多人因工作不順利而煩惱。

不論扮演何種角色都一定會有煩惱。可是獨自擁抱那煩惱的人正在增加中。

想靠自己的力量解決。若無法實現，就會自責。

若是這樣，至少要有人能傾聽自己的軟弱，不論是一人還是兩人都好。可以是朋友，當然也可以是血親。

要能有個心靈的歸屬或是能安心示弱的場所，而且一定要由自己來打造那個地方。

若不願意和別人商量事情，就不會有人擔心你的心情。當你說：「我沒有煩惱。」旁人也只能回答：「是喔。」

所以首先，自己必須先打開心房。

有句禪語是：「開門福壽多。」

意思是打開心門，不隱藏任何事。坦率地表現出自己，不勉強、不說謊、不打腫臉充胖子。只要用這種方式生活，一定會有好事登門。

人要互助合作才能活下去。

幫助他人，有時受人幫助。我們不斷重複這樣的行為而活。幫忙人時不期望會有回報，就只是內心想幫助人。

受到別人幫助時也不要想成是欠人人情。受人幫助的經驗正能溫暖我們的人生。我們也不會忘記那份感激之情。

我是這麼相信的。

15

和顏愛語

心中常記和善的笑容與撫慰人心的話

要說人際關係的基本就在打招呼中可一點也不為過。

「打招呼」（挨拶）這個詞，本來是句禪語。

打招呼是禪僧們碰面時，為了試探對方領悟的深淺而相互問答，我們稱此為「一挨一拶」。「挨」跟「拶」的意思都是「推」「迫近」，所以日文中的「挨拶」（打招呼）這個詞就是從這裡開始的。

先不談這個。早上上班碰到同事時，笑著跟對方說「早安」；家人們起床後，笑著互說：「早安，今天天氣也很好呢。」單只是這樣，那一天就會成為非常好的一天。

「和顏愛語」這句禪語就是在教導我們要隨時帶著柔和的笑容，說著關懷對方的話。

微笑是只有人能給予的美麗事物。

狗跟貓雖都能表現憤怒和喜悅的情緒，但無法展現笑容。

我認為，笑容是能帶來幸福的最棒禮物。

人各自擁有不同的面貌。有被稱為美女的女性，也有不甚美麗的女性。既有帥哥，也有不那麼帥的男性。並非所有人都擁有極具魅力的臉龐。

但笑容卻有百分百的魅力。

不論長相為何，在展現笑容時都會成為很有魅力的臉龐。不論是什麼樣的美女，人們都無法從愁眉苦臉的女性身上感受到吸引力。大家不覺得，若沒有善加使用上天賜與我們的微笑能力是件很可惜的事嗎？

此外，笑容不光是為了笑給其他人看，也是為了自己而笑。

有人會說：「覺得寂寞或生氣時是笑不出來的。」我懂這心情，即便如此，還是可以試著在生氣時刻意擺出笑臉。

情緒會表現在表情上，相反的，表情也能打造出情緒。

夫妻吵架時，雙方的表情都會變得既僵硬又醜陋，且話中帶刺。若用這種醜陋的臉與帶刺的話去面對對方，更容易激起憤怒。

如果在吵架時仍面帶微笑，使用關懷的語言，那情況會變得如何呢？

因為某事而發生衝突時，以美麗又帶著關懷的語言說著彼此的意見，同時面帶微笑，這麼一來，一定就不會吵架。

教育小孩時，偶爾也會情緒化吧。孩子不聽話，說了好幾次要他小心，卻依然調皮搗蛋。母親在這時難免會生氣，但也絕對不要發怒。

發怒只是在發洩情緒。

為了孩子著想，要「斥責」而非「發怒」，這點很重要。

斥責這行為一定要冷靜下來才能做。首先要經常提醒自己「發怒」與「斥責」是不同的。

別用如惡鬼般的形象怒斥：「你到底在做什麼！」要以溫柔的目光看著孩子說：「不可以做這種事喔！」

雖同是在提醒孩子，對於被怒斥的孩子來說，只會在腦中留下恐怖的印象。卻完全忘記了自己被提醒些什麼。

夫妻吵架亦然。情緒化的衝突只會留下對彼此的憎惡與不信任感。要考量到對方的立場提出意見，才能對彼此有更深刻的理解。

請留心隨時都要帶著柔和的笑容。這並非是傻笑，而是帶著溫暖的眼神看著對方。

不可怒目而視，而且要使用慈愛的詞語。只要稍微留點心，所有人都能做到。

只要留點心，人際交往必定會往好的方向發展。最重要的是，自己也能活得輕鬆。對對方投以笑容與溫暖的話語，最終這些都將回到自己身上。

16 平等即不平等

擁有一顆
面對所有人
都平等以待的心

有些人很受大家信賴，很多人聚在他身邊。仔細觀察這些人就會發現，他們都有一個共通點。

亦即他們對所有人都一視同仁。他們不會對誰另眼相待或偏愛某人，會以相同的態度對待所有人。

他們當然也有好惡，但不會表現出來，總是用直率的心與人接觸。應該就是這樣的態度吸引了眾人。

一視同仁地對待所有人。這麼做雖然很棒，但不是件能輕易做到的事。人們總忍不住會對某些人另眼相待，或是輕蔑對方。雖想著要一視同仁，但還是會在某處區分出優劣。人的心中就是會有這樣的念頭。

即便如此，盡可能留心平等對待所有人仍很重要。

那麼對人而言，平等是什麼？自古以來，人們就一直在思考這個問題。

有句禪語是：「平等即不平等。」以下來說明這句話的意思。

例如公司有十名員工，主管指示這十人去做業務方面的工作。最後，銷售業績好的員工會獲得高評價，一個都賣不掉的員工則不會受到讚賞。或許大家會覺得這是理所當然的，但就禪的角度來思考，這是不平等的。

的確，因為給予了相同的工作，所以表面上看來是平等的。但是有擅長這份工作的人，也有不擅長的。說不定某人雖不擅長業務，卻很擅長企劃。每個人擁有的能力都不相同。

既然每個人都不一樣，那麼把全部的人都集中混在一起就不是所謂的平等。真正的平等是給予每人各自適合的工作，引導他們發揮擅長的部分。要做到對員工一視同仁，並非讓他們站在同一基礎上評價他們，而是要看向他們各自的優點。

教育也是如此。例如拿自己的孩子與鄰居孩子做比較。鄰居孩子的在校成績很好，自己孩子的成績卻很糟。明明兩人上的是同一間學校，被同一位老師教，也讓他去上補習班，給了他與鄰居孩子相同的環境，但為什麼自己孩子的成績就是這麼糟呢？

若是跟其他孩子比較就算了，有人還會拿兄弟姊妹來互相比較。

「姐姐的數學很好，為什麼你就不行？」說這種話來責備弟弟。或是「哥哥跑步很快，為什麼你運動這麼不行？」之類的。

都是同一父母所生，為何會有這樣的差異呢？有的父母會如此感嘆。但這樣的感嘆實在很不講理。

即便是手足，也是兩個完全不同的人。雖然在相同的環境中長大，各自卻有不同的個性。但父母不去看他們獨自的個性，卻擅自認為他們要一樣。

這對孩子來說是很不幸的。

有父母說：「我想對孩子們一視同仁，但為什麼他們的差別這麼大？」

答案很簡單。就算表面上是同等養育他們，但心中卻始終有所區別。我認為，若總是在比較，將無法看見自己孩子真正的模樣。

人都是平等的。

我們必須把眼光看向每人所擁有的長處。局限於表面的平等只會生出完全的不平等。

請除去多餘的成見與表面的條件，用坦率的心與人相處。

如此才會出現心靈相通的瞬間。

17 同事

不論痛苦、悲傷
都能相互分擔

做著開心的事時、被喜悅之情包圍時，人際交往就會進展順利。

即便多少有些合不來的人、有些不喜歡的人，在開心時都不會介意這些。

就這意義來說，若能常保愉悅的心情，人際關係的煩惱也會成為一件小事。

但實際上不可能這樣。我們難免會心懷憂傷，也有各種各樣的煩惱。自己明明如此悲傷，身邊的人看起來卻很開心。只有自己很悲傷。只有自己抱持著很深的煩惱。心想一定沒有人能懂自己的煩惱。

因為這麼想，所以關上了心門。

於是一個人煩惱，一個人忍耐著悲傷，最後罹患心病。

正因為心懷悲傷痛苦，所以渴求心靈相近的人。

在這世上，不是只有你一個人在煩惱著，有很多人都有相同的悲傷與痛苦，所以渴求與這些人相遇。

禪之中有個詞語叫「同事」。

說的是彼此擁有相同的心情，處在同一個環境中。我們要把眼光移向這「同事」上。

在佛陀釋迦的小故事中，有一則這樣的故事。

佛陀釋迦為了布教而行腳時，有名女性前來求釋迦拯救她。

女性邊哭邊抓著釋迦說：

「我年幼的孩子死了，我無法忍受這痛苦，請讓我的孩子復生吧。」

釋迦回答：

「那麼請妳去找出這三十年間完全沒有親人去世的家庭。請帶來那個家庭的灰炭。只要有那灰炭，就能讓妳的孩子復生。」

於是女性開始拜訪村中各家，但卻怎麼都找不到沒有親人死亡的家庭，她甚至跑去鄰村尋找。

在過程中，這位女性發現也有其他母親和自己一樣死了孩子，還有人死了丈夫或手足。

過了幾個月，女性終於了解，這世上有很多人都有著和自己一樣的痛苦。

原來釋迦是想教她一個道理：

「絕非只有妳一個人背負著悲傷。所有人都活在悲傷與痛苦之中。」

我寺院的檀家中有對夫妻的孩子得了不治之症而去世了。那孩子從一生下來就遭受病魔侵襲。

雖然知道孩子無法活得長久，但是當自己的孩子去世，仍是一大悲傷。

我每個月都會看到他們來掃墓。

然而，這對夫妻的悲傷別說痊癒了，根本是越來越深。兩人明顯都變得憔悴。

「師父，我們無法逃離這悲傷。我們這輩子都會伴隨著悲傷而活了。」

那位先生這麼和我說。我也沒有話語能療癒他們深深的悲傷，只能稍微說些關於「同事」的話題。

「一定有很多人和兩位一樣，懷抱著相同的悲傷。要不要試著和這些人結緣呢？」

失去親人的人們會舉辦聚會。他們會聚集在那地方互訴傷悲，藉由分享心情來支撐彼此的心靈。

有句話叫「互舔傷口」，這句話總被人想成是負面的。可是這句話絕非負面的。痛苦時，只要互舔傷口就會好，只要互相牽手流淚就會好。這一點都不丟臉可恥。而且這也是人際關係重要的一環。

自那之後過了半年，那對夫妻恢復了些精神。或許是因為遇到了能分擔悲傷的人吧。

人們並沒有力量能夠一個人忍受深沉的悲傷，而且也不需要一個人忍受。透過彼此分擔，就能再度踏步向前。

18

無功德

不渴求

有句禪語叫：「無功德。」這句話出自達摩大師與梁武帝之間的問答。

有次，梁武帝問達摩大師：

「我到目前建了多座寺院，還讓許多人都出家了。我為佛教盡心盡力。那麼我的功德到底有多少呢？」

梁武帝這是在問，自己如此盡心盡力，能否有什麼回報？

於是達摩大師回答他：「無功德。」也就是「沒有什麼回報」。

禪的基本思考是「無心無作」。

自己為某人所做的行為都是無心的，其中沒有任何策略或算計，也不期待有回報和果報，只是想著那個人而行動。這才是最清爽的生活方式。

人在幫對方做事情時，總會一心要求回報。

幫了對方就期待對方會脫口感謝。若只是這樣還好，有很多都是渴求有形的回報。我想那應該是沾染了西方「give and take」的觀念。

為某人盡心盡力，所以期待獲得值錢的東西當作回報。

若是沒有回報，就覺得好像有所損失。商界中，這樣的情況在所難免，但最好不要把這觀念帶入日常生活中。

當然，自古以來，日本人就重視回報的習慣。若從鄰居那裡獲得分送的東西，下次自己也會分送東西給人。這雖然不是規定，但會想藉此表達自己的心意。

這時候若自己送出去三條魚，應該沒人會想著只會收到對方送來的芋頭和地瓜吧。

重要的是分送的心，而非事物的價值，這就是「give and take」及「分送」的差異。

不只是回報，也不可以過於要求對方。要求對方只會給自己增加煩惱。例如有名女性不滿地抱怨：「我家老公都不幫忙做家事。」當然，不幫忙做家事的先生很糟糕，但對這樣的先生發脾氣，不會讓情況變得比較好。

期望丈夫能幫忙。雖如此期望，丈夫卻完全不幫忙，對此感到煩躁。而煩躁會造成自己的心情不好。

其實，只要自己做好該做的事，不去期望他的幫忙就好。這麼一來，不但事情會比較快完成，因為不期待對方，也不會有被背叛的感覺。

如果對方幫了忙，就想成那是附加的喜悅。

話雖這麼說，我也會去拜託人家。當我擠不出時間來做某件事，就會拜託弟子或女兒：「可以幫我做這件事嗎？」

然後回家時問對方：「有幫我做了嗎？」若對方說：「還沒做。」我也會感到憤怒。

在心中想著：「我明明都已經拜託你了，為什麼不幫我做呢？」

這時我會立刻調整呼吸，告訴自己：

「是我自己去拜託人家的。就算把錯算在對方頭上也沒用。現在還有時間，趕緊自己動手做吧！」

當委託某人某件事，若結果不如自己所預期，那責任並不在對方身上，而在做出委託的自己身上。

如果是很重要的事，一開始就不要交代別人，要自己做。

不可以過於要求對方，不可以過度期望對方。記住這點，就不會生出多餘的不滿。

若渴求對方代替自己去做些什麼，或是渴求有回報，生活將變得愈發不自由。

比起煩躁不安地等待不會有的回報，以「不會有回報」為前提來思考會比較好。

請了解，該求的是自己，而非別人。

別害怕受傷

再怎麼美麗的寶石，若不打磨，就不會散發出閃耀的光輝。鑽石的原石也是打磨過後才會放光。

這本是「切磋琢磨」的語源。

人們不禁會把「切磋琢磨」這個詞語想成是帶有競爭意識的，欲分出誰優誰劣。但其實並非如此。這是指透過彼此的競爭，讓雙方都有所成長。

我們不可能只靠自己一個人的力量而成長。是受教於許多人，或是與許多人相互砥礪才有所成長。

就算一個人可以累積知識，但也不可能學會活著所需的所有智慧，所以需要與別人互有聯繫。

「與別人互有聯繫」是什麼意思？

其指的並非是單純的一起享樂，或是表面上的交往，而是彼此的心靈與想法互相碰撞、切磋琢磨。

這必須透過面對面相處才會發生。

現今愈發邁向網路社會，網路交往情形不斷增加。以交換資訊來說，這當然很便利，但其中卻看不見心靈的相互碰撞與激盪。

因為在螢幕上的衝突不會在心裡產生迴響。

在網路的虛擬世界裡，人只想和自己有相同意見的人有聯繫。只要雙方意見出現對立就瞬間停止交流。我覺得這是非常恐怖的。

所有人際關係並非由與自己合不合來決定。若總是想和有相同意見的人有聯繫，排除有不同意見的人，將無法擴展人生的廣度。

如果彼此的想法不一樣，就要以正面的方式來相互碰撞。

不要一副氣勢洶洶的模樣。確實告訴對方自己的想法，也接受對方的想法。

在彼此心中，並非只有黑或白，一定存有灰色地帶。雖然想法不同，還是能理解對方所說的一部分。一定會有這麼想的時候。

不要一開始就拒絕對方，試著讓兩人的想法碰撞看看。但在電腦上是無法這樣做的。

現代人的溝通能力低落，尤其越是年輕的世代越不擅長與人交往。因為害怕與某人起衝突後自己的心會受傷。害怕自己的意見不為人所接納。因此只與人做表面上的來往。

這樣無法培養溝通能力。因為所謂的人際關係，彼此衝突碰撞還是占絕大多數的。

當然，我們不可以說些會讓對方傷心的話。這不是心靈的相互碰撞，而是單純貶低他人。我們不是為了貶低他人而與之碰撞、衝突。

彼此的意見相左是理所當然的。

不論是夫妻、朋友還是同事，都不可能總是心心相印。每個人的想法都不同。甚至那些想法每天也都在改變。

因著這些微小的衝突，彼此的心會一點一滴被磨合。本來沾滿泥土的原石，不知不覺間竟放出美麗的光芒。這正是心靈的成長。

心靈受傷的確是件恐怖的事。

可是，絕沒有不受傷的人生。

心靈負傷時，一定會出現能療癒那傷口的人。現實世界就是這樣。

即便受了傷，也不會有人貼近自己的心。我認為網路那個架空的世界就是這樣。

20

一期一會

即便只是一次的相遇，

也要銘記在心

大家應該有聽過「一期一會」這句話。

這可以說是最有名的禪語。

「一期」是指人的一生。「一會」就如字面上的意思，指的是只有一次的會見。

例如，即便和朋友約在老地方度過相同的時間，但也絕不會再有與現在相同的時間。

要非常珍惜只有一次的當下。這就是「一期一會」的意思。

可是這句話也可以作如下應用和解釋。

我們活著時會遇到非常多的人，並與他們建立起關係。要完全不與任何人扯上關係而活是不可能的。

以朋友、同事為首，包含鄰居、同一社團成員，以及只在早上打招呼的人在內，與自己有關連的人可說數之不盡。

在這許多的相遇中，大多都是只遇見過一次的人。

只遇見過一次的人會在記憶中漸漸消失。或是只記得名字，或是根本忘記有遇見過。

其實，我們的人際關係中幾乎都是這類人。

人生片刻不停留。與人之間的相會也不斷在流逝。儘管沒有意識到，但在不知不覺中，有許多遇見會來到你的身邊。

可以試著稍微留心一下僅有一次的相會。

今天遇見的這個人是個非常好的人。昨天遇見的那個人，讓人不太想與他來往。

哪怕只是瞬間想起，然後又立刻流逝也無妨。

試著關注「一期一會」。

試著對再不會遇見第二次的人感興趣。為什麼這很重要呢？

因為人是透過他人來看自己的。

自己是什麼樣的人？自己存在的意義為何？這個答案無法在自己一個人的心中產生。

也不能靠自己導出那個答案。必須透過他人這面鏡子，才能看到自己的模樣。

不知道自己是誰。連自己為何而生都不知道。應該有人懷抱著這樣的煩惱吧。

這些人就是只在自己的鏡子中找尋自己的模樣。

若想知道自己是什麼樣的人，就要重視一期一會。仔細想想遇見的人，試著在那人的鏡子中映照出自己的影像。

若那個人給你的印象很好，就問問自己，為什麼覺得感覺良好呢？若是再不想見到的人，就試著想想，為什麼不喜歡那個人？這些微小的累積，最終會讓自己的模樣清晰地浮現出來。

此外，利用「一期一會」，也能解開人際關係的煩惱。

例如公司裡有一名令你非常討厭的主管，每天只要看到他的臉，心情就很鬱悶。

可是，與其被這樣的憂鬱所局限住，還不如乾脆地把與那名主管的關係想成是「一期一會」。

總有一天，那名主管會離開你。可能是退休，也可能是人事異動調到其他單位。你們絕不可能糾纏一輩子。

為了總有一天要離開自己的人而煩惱，損失的可只有自己。

現在的狀況不會一直延續下去。現在的人際關係不是人生的全部。那些都會改變。

若說「一期一會」是要人重視只有一次的相遇，那麼把彼此的來往想成總有一天會結束，也是對「一期一會」另一種巧妙的解釋，還能因此減輕自己心靈上的負擔。

因緣是平等
造訪所有人

「沒遇到良緣，所以無法結婚。」
「雖有很多朋友，但沒有結婚的緣分。」
「為什麼我就這麼沒有桃花緣呢？」
我常看到有很多女性這樣哀嘆著。
所謂的緣，是平等造訪每個人的。
人總是活在緣分的流轉中。是否要結起那緣分，都要看本人的意願。
緣分中有好緣也有惡緣。會結哪種緣也是由自己決定。
說著「自己身邊總是聚集些不好的人」的人，是只和那類人結緣。這不是誰的問題，而是自己的問題。
那麼那些哀嘆著無緣結婚的人呢？仔細詢問那些人的心情就會隱隱可見，他們有想著要靠自己的力量推動緣分。
具體來說就是，他們想著能與自己認為很棒的人有緣相會，然後互相培育愛情，最後結婚。他們認為這一連串的過程就是「良緣」。
可是，緣分這東西很不可思議，是由超越人類智慧的力量所推展的。

即便兩人結緣後想結婚，有時周遭的狀況也會形成阻礙。結婚不單是兩個人的問題。父母、親戚甚至是工作問題等，各式各樣的人事物都必須結合在一起。

例如兩人雖下定決心要結婚，但一方卻外派到國外工作。經過兩年後，兩人的心就分開了。這種情況常常發生。

這不是誰的問題，而是有一股我們所看不到的巨大力量在推動緣分。

反過來說，即便兩人沒有很強的結婚意願，有時也會莫名的走到結婚。受到周遭人的祝福，在適當的時機結婚，如此被推動著。相遇見的時候彼此都沒意識到要結婚，回過頭來卻已經結婚了。這也是因為巨大的力量在推動緣分。

我們無法知道結緣後的緣分會被推動到什麼地步。但通常愈是勉強，緣分愈是遠離。

若是如此，還不如把一切都交給命運。

流轉的緣分必須努力才能締結起來。可是一旦結了緣，就會依託於這股推動。

若那段緣分沒有如自己所想般被推動，那也用不著悲傷。或許悲傷會暫時襲來，但這股悲傷終會流逝。

自結為夫妻後，歷經了長久的歲月。回過頭來想想，之間有許多小矛盾。有時也會覺得無法忍受。一開始的愛情模樣消失了，只是重複著每天都沒有變化的平淡日子。或許許多夫妻間都有類似這樣的感情吧。

我認為，這也是推動兩人的緣分。

會有矛盾是理所當然的，夫妻也會不斷吵架。即便如此，兩人還是一起生活到了今天。有時雖心懷不滿，但最後還是原諒了對方。心底從未忘記過要體諒對方。

最後才有了今天。

如果出現了怎樣都無法原諒的矛盾，兩人就一定會因此而分開。

但這樣的事情沒有發生，經過長時間兩人仍一起生活著。這也是緣分。

這是由巨大的力量所推動的緣分。要好好感謝並在接下來的日子裡珍重這緣分。

緣分會平等地造訪每個人。

可是這緣分會被推到何處則不一定是平等的。正因為哀嘆這巨大力量所導致的不平等，人生才不會幸福。

22 共生

你也是一起活著的

能打從心底信賴對方，互許真心。

能生活在這樣的關係中是非常令人尊敬的。

即便沒有在一起，即便無法常見面，心中一直都有著對方。即便分處兩地，兩顆心仍緊緊相繫。正是這份安心感，給予了人們活下去的勇氣。

其中最能帶給人們力量的，就是家人的存在。

不論前方有多艱苦的工作在等著，只要想起自己孩子的臉龐就能湧現出力量來。只要回到家，就有心愛的家人在等著。只要想到這件事，就能迎向苦難。

即便分開居住，只要感受到家人的存在，就會感受到幸福。家族就是這樣的存在。

人總是和某人一起活著的。

即便是只有自己一個人的狀態，心靈也總是和某人相連。

在佛教中，就用「共生」這句話來表示。

「共生」並不是指實際上一直住在一起的意思。也不是指待在同一個地方，或從事相同的工作。「共生」是成為彼此存在的支持。

在自然中，草木與昆蟲共生。

彼此支持著才能生存。人類社會也一樣。有著彼此支持的心才是最重要的。

還有一件事我們必須要知道，支持著你的並不全然是活在這世上的人。已經去世的父母也切切實實地在支持著你的心靈。

有時你或許會想起去世的雙親而感到悲傷。

雖然不會一直想著，但會突然在某個瞬間想起。想再聽一次他們的聲音，即便只有一眼，也想再見他們一面。

受到這樣的悲傷侵襲時，請看看鏡子裡的自己。在鏡中，一定有著雙親的影子。

明明長相就不像，但就是能在自己的表情中突然找到雙親的影子。

有時聽著自己罵孩子的聲音也會感到驚訝。那聲音似乎在哪裡聽過。沒錯，那聲音就和你父母的聲音一樣。

若是男性，可以在鏡中看見父親。

若是女性，也能從中找出母親的影子。

即便雙親都已不在，他們仍持續活在你的心中。你將一直和死去的雙親一起活著。

我希望你知道，過世的祖先與雙親都一直在支持著你。

如果想聽聽雙親的聲音，就去掃墓。佇立在雙親的墳前，燒香、獻花、雙手合十。

試著在心中與父母說話。

問他們：「現在的痛苦該怎麼處理才好？」

在那裡，你一定能獲得回答。

你將會聽到「沒問題的」的聲音。

沒錯，那個聲音是另一個你的聲音。

父母的心在向另一個你說話。

你會遇見另一個自己。那將會成為你極大的支持。

進行四國巡禮*的參拜朝聖者所戴的斗笠上，寫有「同行二人」的文字。

這並非指實際上有兩人一同走的意思。

其意義是，一個人是自己，而另一個人則是自己心中的佛（就參拜朝聖者來說就是弘法大師）。

一邊面對著自我，一邊和已逝去的重要之人一起走著。

即便只有一個人在走，自己也絕非一個人。

有某人支撐著自己前行。

我們活在互相支持的關係中。

或是獲得具體的幫助，或是獲得撫慰心靈的話語。

別哀嘆孤獨或是一個人懷抱著寂寞，要想著有人在支持著你。即便那個人不在身邊，也要想到有個人在遠方支持自己。

而你自己一定也在支持著某人。有著一起活下去的心情時，人就能踏步往前行。

＊註：四國巡禮，指巡拜日本四國島境內八十八處與弘法大師有淵源的靈場。

第3章

活在當下

現在是這樣活著。
只有這件事是真實，
試著只關注這件事吧。

23

安閑無事

人生的路程
就是不斷重複相同的事

回顧今天一整天，看起來很像是跟昨天一樣的一天。不僅如此，還會覺得像是重複著與一個星期前或一個月前相同的一天。

每天煮早餐，送丈夫出門；送孩子去幼稚園後就回家做家事；下午去接孩子回家，然後片刻不得歇息地著手準備晚餐。

似乎要被埋沒在這平淡的日常中。

這時人不禁會對其他世界懷抱憧憬。

想著是否還有更不一樣的生活方式？

想著是否還有更刺激的一天？

想著說不定自己的人生沒有一點意義。

有「非日常」與「日常」兩個詞。非日常的意思是特別的日子，指的是自己會盛裝打扮出門，又或是充滿歡樂的日子。

另一方面，「日常」則是指平淡且毫無變化的平常。我們在心中總是只盼望「特別的日子」。想著在某個地方一定有著每天都閃閃發光的人生。

可是這不過是錯覺。

所有人在各自的人生中都有「特別的日子」。

可是這樣的日子並非每一天。大部分都是平淡的日常。每天重複做相同的事。

正因如此，才要努力活出這不變的日常。

昨天與今天是完全相同的一天。會這麼想的其實只有自己。其實昨天與今天是不可能會一樣的。

例如今天的晚餐一定做得比昨天的晚餐順手。不，是一定要努力做得順手。

不要輕視理所當然的事，試著努力去做每件事。那些微小的累積，將會讓自己成長。

請回想你的母親。母親折疊洗好衣物的模樣；非常簡單地用熨斗熨燙襯衫的模樣；只用目測就能調味出味道絕佳的菜肴。

這些所有的事情，都來自於母親不斷累積的日常努力。我認為那就是非常棒的成長。

正因為為家人著想，母親每天都會下功夫，正因為想讓家人吃到美味的食物，所以每天勤勉努力於料理。母親三百六十五天無休地做著家事。

在這之中，或許沒有一天是「特別的日子」。即便如此，我認為母親還是很滿足於自己的人生。

當然，母親偶爾也會嚮往有特別的一天。

也會厭倦平淡的日常生活。

但在掙脫如此糾纏的心緒後，母親一定察覺到了——正是在這些重複之中有著平靜的幸福。

有句禪語是：「安閑無事。」

意思就如字面所示，指的是安穩、平穩的狀態。

沒有任何擔心，能平靜過日子的每一天。

別想著今天和昨天是相同的一天，而是要感謝，今天也和昨天一樣是安穩的一天。懷著這樣的心情，在今天這一天，努力活著。

若要問幸福是什麼，答案就是——不變的每一天才正是幸福。

想著無趣而活是不會有成長的。人生中應該不會有無趣之事。若有無趣之事，那應該是只存在於自己心中。

感謝平淡的每一天。

只要注意到這一點，人生就會變有趣。

閒暇生焦慮

所有人應該都體驗過焦慮，而且陷溺其中吧。焦慮有兩種。

一種是單純的焦慮。

電車還有五分鐘就要開了，再不快點就來不及，所以焦慮。這是單純的焦慮。

這種焦慮在出現結果後立刻會消失。不論是趕上電車還是晚了沒搭到，這樣的焦慮終將不得不結束。

另有一種焦慮則出自於和他人的比較。

例如在職場中，同事們陸續拿出成果，自己也想快點拿出成果而焦慮。現今社會要求要有英語能力，自己也必須快點學會英文而焦慮。因為是拿某人和自己比較，所以會湧現焦慮的心情。但我認為這些完全都是些不必要的焦慮。

我也不是不懂和某人比較而生出焦慮的心情。

可是，光只是焦慮是解決不了任何事情的。

若是焦慮於必須會說英文，就從明天開始學習，總之就是開始行動。開始行動的瞬間，焦慮的心情就會消失了。

如果只是在嘴上說著「非做不可」，實際上卻什麼也沒做，那麼，不論經過多久，焦慮都不會消失。

說得更甚些，為什麼總要和他人比較呢？那是因為很空閒，有多餘的時間。

人只要集中精神在眼前該做的事情上，就不會去想多餘的事。不會有空閒去煩惱。我們禪僧的修行正是如此。

賦予禪僧必須要達成的任務堆積如山。

從早上起來到就寢前，我們沒有空閒去思考多餘的事情，所謂的修行就是如此嚴苛。

在農村中生活的人也沒有多餘的閒暇。農人們在天未明前就去農地，一直工作到日落。若不努力從事農務，就趕不上秋收，沒有和鄰家農地比較的時間。總之就是勞動身體，每天工作。

從事漁業的人也是如此。

天未明前就出海捕魚。就算回到港口，也要在那裡將魚分門別類，或是整修船隻，或是立刻處理魚類以防腐壞。若不趕快處理，就會很焦急。可是那份焦慮，在魚貨出市場的瞬間就會消失得一乾二淨。

到了傍晚，就會有舒服的疲憊感席捲全身。接著什麼都不想，吃飽了就上床睡覺，為明日的捕魚養精蓄銳，陷入深沉的睡眠中。

農人與漁夫們每天都過著如此規律的生活。

他們沒時間想東想西，而是勞動著身體而活。正因為過著這樣的生活，從事第一級產業者的心靈很少會生病，據說罹患失智症的人也很少。

很多的煩惱和焦慮都是因為空閒才生出。空閒時，不禁就會想些多餘的事。想著這樣下去可以嗎？

如果認為不可以繼續這樣下去，就立刻展開行動。若是覺得自己不如某人，就開始努力追上對方。

不做任何行動、只是一味煩惱的人難道不是為了打發時間才處在煩惱中的嗎？

若想擺脫這樣的情況，就要賦予自己某些任務。

為了不會空出多餘的時間，可以試著讓自己去做些事。那些事可以是工作以外的興趣或志工活動。

靠自己的意志，努力填滿自己的時間。

「禪即行動」。別東想西想的，先做出行動。這就是禪的基本概念。

25

歲月不待人

一定只有現在能做的事

在現代，女性進入社會從事工作是很理所當然的。我認為這是件很棒的事。

但在這樣的狀況下，心懷煩惱的女性也隨之增加了。

結婚後雖然仍會持續工作，但一旦懷孕生產後，就沒這麼容易了。在育兒時期，常常面臨不得不中斷工作的困境。

同事們都在扎實累積履歷經驗，只有自己每天在家中育兒。

很多女性應該都想快點找到能托兒的地方，並重回職場。

不過我只想說一句話：育兒也是件了不起的工作。工作並非單指經濟生產活動。

工作就像是賦予自己人生的使命般。

是自己現在該做的事。

若現在該做的事是家事，家事就是那人的工作。在育兒時期，育兒正是那人的工作。每個人都有在那個時期該做的「工作」。

請先思考，現在該做些什麼？

在公司工作雖然很棒，但會讓孩子感到寂寞，那麼這是該做的事嗎？

我這樣寫或許某些女性會覺得反感。但請試著這樣想：

現在你的孩子三歲。

孩子三歲的時間當然只有現在。孩子每天都會成長，一眨眼就會變成小學生。

才稍微沒注意到，就會變成國中生。透過關注孩子的成長過程，父母自己也會成長。

若是早點回歸工作崗位，沒有守護孩子成長。一回過神將會發現，對於孩子三歲時的記憶已漸趨淡薄。

時間無法重來。孩子長大後，即便想再育兒一次，也無法實現了。

「歲月不待人」是句有名的禪語。

人生有限，今天這一天不會再有第二次。時間一下子就過去了。

雖然每天育兒不免會感到苦悶，也會感到焦慮，想早點回到工作崗位上。

可是，一回過神來就會發現，育兒時期一眨眼就過了。

在已過去的時間中，不可以留下後悔，不可以把這段時間當成失落的時間。

在過去時間中忘卻的重要之事，無法再度找回。正因如此，確實注意現今自己該做的事才是重要的。

人生中該做的事有分優先順序。

現在自己最該做的事是什麼？現在自己最想做的事是什麼？第二個想做的是什麼？第三個想做的是什麼？試著一一寫出。

我想應該有人會把工作放第一。但應該也有人會把工作放第三順位。又或者是把找到結婚對象視為優先。

每個人都有不同的優先順序。

我們要在自己排定的順序中，忠實地活下去。

若認為工作第一，就犧牲其他事情去工作。若認為育兒第一，就不要和身邊的同事比較，專心育兒。對自己排定的優先順序懷抱自信，堅定走出人生。

而且這些優先順序是會改變的。可能第一變成第二，第五突然變成第一。這樣也無所謂。各個時期該做的事項本來就不同。說得更甚些，昨天最重要的事與今天最重要的事可能也不一樣。

偶爾改變優先順序。一邊接受這件事，一邊找出時間賦予自己的優先順序。人生就是如是不斷積累而成的。

現在你最該做的事是什麼呢？

26

山中無曆日

擁有孤獨的美感覺悟

「單人行」這句話是慣用語。

很早之前，很少看見女性一個人旅行、一個人吃飯。吃午餐時也一定要呼朋引伴一起去，更何況是女性一個人去旅行，多會被誤解為是有什麼隱情。

甚至有旅館會拒絕單身女性投宿。這是現今無法想像的。

如今，女性一個人旅行、一個人吃飯可以說是司空見慣。我認為這是非常棒的改變。

這與是男是女無關。擁有自己一個人的時間，對我們的心靈來說非常重要。

人本來就是孤獨的。

誕生於世時是一個人，離世時也是一個人。即便是家人、好友，也不可能一起出生、死亡。

也就是說，我們必須記住，人本來就是孤獨的存在。

但進入社會中，就無可避免會與他人扯上關係。

即便是一個人就能做的工作，也不可能只靠自己來完成。我們總是與某些人互相連結著而活。

於是，我們不知不覺會受到他人的影響。

有時認為受到影響的自己很可恥，有時因自己與周遭人的想法不同而感到不安。因為比較，讓我們懷抱著不安與擔心。

全都不要比較。

這很難做到！只要跟人、社會有關連，人就會忍不住想比較。

因此，我們必須靠自己的力量從中導引出自己的想法。問問自己，自己真正的想法是什麼，而不是隨波逐流。

這時，就必須尋求孤獨。

周遭的人跟你說的各種話是真心為你著想，還是只是隨口說說？

你可以蒐集許多人說的話，然後冷靜觀察評估，獨力思考自己想怎麼做？自己應該做什麼？

回到自己的房間，刻意打造出孤獨的狀態。

可以每天關掉手機、電腦的電源一小時，讓自己享有不被任何人打擾的時間。

希望大家擁有完全孤獨的思考時間。

懷有「自己是孤獨的」這個覺悟而活。

不過，有件事不可以誤解，亦即「孤獨」與「孤立」是兩回事。孤獨有其必要，但不可以讓自己從社會或周遭人際中孤立出來。那麼，孤立是什麼意思呢？

就是拒絕難得被賦予的緣分。

在這世上，沒有人是完全「無緣」的。至少還有跟祖先與雙親的緣分，所以我們才能誕生在這世上。

因為有緣才成為夫妻，因為結緣才成為親戚。與同事之間的緣分也是因不可思議的力量而締結。

我們應該要珍惜這緣分。
孤立就等同於自己主動拒絕這些好不容易締結起來的緣分。
「喜歡自己一個人」跟「獨自一人活下去」是兩件完全不同的事。
重視孤獨，但別孤立地活下去。這就是人。

27

感應道交

傾聽另一個自己的聲音

心中生出煩惱或迷惑時，大家都會怎麼做呢？

我想，許多人都會去找能信賴的人商量。

述說自己為了怎樣的事情煩惱，不知道該怎麼做？不知道該走哪條路？所以想聽聽對方的意見。

當然，找人商量不是件壞事，也是有人因此而獲救。

但是，與他人商量並無法找出答案。雖然對方會推我們一把，但要找出答案，還是得靠自己。

我們心中其實住著兩個自己。

既有擁有美麗心靈的自己，也有不好念頭的自己；既有積極的自己，也有消極又膽小的自己。

實際上，沒有人完全不會動搖，心中只有一個自己。

正因如此，我們才必須經常自問自答。

例如你正在與一位男性交往。

你不知道要不要和那名男性結婚。雖然有戀愛的感覺，但不確定對方是否可靠。又或是沒什麼戀愛的感覺，但對方有經濟能力與社會地位。

那麼你該怎麼辦呢？就算去和別人商量，也不會有答案。

雖然多少能獲得些建議，但那些建議無法直接與答案相連結。

因此重要的是，試著去問另一個自己。

在心中，讓認為「該結婚」的自己與「不要結婚」的自己兩種想法互相激盪。

試著把兩個自己的意見擺上檯面來，例如「我是因為這個原因而覺得結婚比較好」，或是「我之所以認為不要結婚比較好是因為這個原因」等。

有煩惱時也一樣。

會有「為這種事情煩惱」的自己，還有與此相對，認為「為什麼要為這種事情煩惱」的自己。透過提出兩人的意見來找出自己能接受的答案。

那麼，為什麼透過自問自答可以找出自己能接受的答案？

因為對於由自己所引導出來的答案，我們不太會有怨言。

因為是自己引導出的答案，所以可以告訴自己那是正確的。

或許人生中所遇見的各種選項沒有一個是明確的解答。其實不論選擇哪一樣，都不會產生太大的差異。

當然，有時會因為選擇某個選項失敗而感到後悔，但只要重新來過就好。

我們無法打從心底相信從他人那裡獲得的答案，並告訴自己那是正確的，反而可能會在心中責怪是他人的錯。因此，只有透過和另一個自己對話，才能說服自己：「對自己來說，這就是答案。」

現代社會中，這樣的自問自答似乎消失了。為某些事而迷惘或煩惱時，人們會立刻收集片面的資訊。找身邊的朋友商量，或是在網路上尋找答案。

這麼做的確可以找出「像是答案的答案」。

可是那些不過是社會所製造出來的答案。社會製造出的答案簡直與幻想無異。

第一，一千個人之間只產生出一種答案是不可能的。就算是面對要不要結婚的問題，一千個人之中應該會有一千種答案。

就算同樣得出「Ｙｅｓ」的答案，找出那答案的過程也完全不一樣。

我既是住持，也在大學任教，會有許多人來找我諮商。我當然都會誠摯地面對這些諮商者，但最後我一定會說：

「要做決定的是你，一定要和另一個自己商量。我的建議頂多是你在進行自問自答時的材料罷了。」

28

眼橫鼻直

保持你真實的模樣就好

「想保持真實的自我。」

「想活得真切。」

很多人都這麼期望著。「保持真實」意味著「肯定自我」。

那麼，「真實」究竟表現出何種狀態呢？

那並非指自己一意孤行地任性並給人添麻煩。

我認為「真實」指的是不勉強自己，以對自己來說最舒適的狀態而活。

若總想著與他人做各種比較，勉強改變自己，總有一天會讓人窒息。別勉強自己，好好注視著自己而活，這就是真實。

例如我們經常可以聽見：「性格開朗的人・陰鬱的人」這類形容。

一般會覺得性格開朗比較好。因為這類人善於溝通，交談起來很順暢。也因此受到周遭人的歡迎。

相反的，有的人不擅長說話、個性內向。這類人會被認為性格陰鬱，給人留下負面印象。

在這樣的比較中，有人會為「自己很陰鬱」而苦惱。

可是，完全不需要為這種事苦惱。

若期望性格能更開朗些，就努力改變自己。若能因此發現自己此前從未發現的另一個自己，這樣的改變就會是正面的。

可是，若是努力在表面上變得開朗，卻怎樣都感覺不舒服，那就是在勉強自己去改變自己的「真實樣貌」。

這時候，心靈總有一天會感到疲憊。每天都在勉強自己是不會愉快的。

當你想要改變自己，內心可能會出現如下四個「變化」。

第一，「絕對無法改變」。

第二，「只要想改變就能改變」。

第三，「雖能改變卻不想改變」。

第四，「如果可以就想改變」。

試著在自己心中區分這四種變化。

對於不得不改變的事，只要努力就能改變。若知道自己是走向好的方向，那麼最好做出改變。

可是，不需要連不想改變的部分也勉強改變。

而且無論是誰，都會有即便知道改變比較好，但也有怎樣都改不了的部分。

此外，一定有人與你不想改變的部分很像。

有人說自己很陰暗、想變得開朗些，但自己就是做不到。

但是一百個人中，不可能一百個人性格都很開朗。如果所有人都很開朗、積極，這樣的社會一定會充滿競爭吧。

試著把焦點放在絕對無法改變的自己、不需要改變的自己，並找出同樣「保有真實自我」的人。

有句禪語叫：「眼橫鼻直。」

如字面所述，就是「眼睛是橫的，鼻子是直的」。這是理所當然絕不會改變的本來面目。

誠如這句話所示，請找出自己有哪些地方是「眼橫鼻直」。那正是真實的你。

29

天上天下唯我獨尊

你一定為某人所需

有人會覺得：「沒有人需要自己。我就算不在了，也不會有人感到困擾。我是這世上多餘的存在。」

一言以蔽之，這世上沒有人是多餘的。

就算有那樣的人，那也只是其本人擅自以為自己是那樣的人，徒然地逼迫自己入窘境，受周遭人孤立。不受人需要的原因都是自己想出來的。

那麼你是否是受人需要的呢？

很多人都會以他人的評價作為判斷基準。

例如在公司的評價很低，所以認為公司不需要自己。又或是自己做的工作對社會沒有助益，所以對社會而言，自己是多餘的。

只在意公司或社會的評價，並以此來決定自己的存在價值。

首先，不要再被外界所給予的評價所束縛。

不論是怎樣的世界都一定會有評價。公司評價員工是理所當然的，就連我們僧侶也會受到外界評價。只要活在社會中，這一點就無可避免。有人容易受評價影響，會因為一個評價忽而高興忽而憂愁。

不過請明白，這樣的評價和你的人格是完全不同的兩件事。

若在公司中沒有獲得好評，只要努力獲得好評就好。若怎樣都提升不了評價，只要轉移到能發揮自己長處的地方就好。

有人在業務部雖未獲好評，但在總務部卻備受好評。又或是換了一個主管後就提升了評價。

總之，評價是模糊又容易改變的東西。我們不需要執著於容易改變的東西，或是被它牽著鼻子走。

某人需要某人，這樣的世界不需要講究邏輯。

例如嬰兒需要母親。但為什麼需要母親？因為要母親餵奶、要母親換尿布，所以需要母親。有人認為，只要能給嬰兒吃飯、幫他換尿布，就算不是母親也行。

但事情不是這樣的。被母親抱在懷中時，嬰兒會被無法言喻的安心感所包圍。被全身心守護自己的人所抱著時，嬰兒才能體會到出生在這世界上的幸福。

嬰兒需要母親。其中不存在任何評價。對母親而言，也不求會有任何回報，只是以純粹的心去抱著自己的孩子。

我們確實感受到，所需要的是人們心與心相結合。

當然，我們無法像嬰孩一樣只以單純的心來與人接觸。即便如此，也一定會有彼此理解、心意相通的連結點。

有句話叫：「天上天下唯我獨尊。」

據說是釋迦摩尼出生時所說的話，指每個人都是浩瀚宇宙中無可取代的可敬存在。

如果有人煩惱著「自己是不被需要的」，這或許是那個人本身並不需要任何人。

不要為了「沒有人可以一起吃飯」「找不到可以在休假日一起出遊的對

象」「沒有人來邀約自己」等這些表面的事情所煩惱。

需要某人並非那麼表面的意思。

首先自己要敞開心。

接著在對方與自己之間努力找出微小的連結點。

有一個能打心底相知的人就夠了。若有兩個人就是賺到。

請擺脫「想要被許多人需要」的幻想吧。

30

以心傳心

夫妻就是互相認可不被人理解的部分

結婚後就成了夫妻。這對彼此的人生來說都是件大事。兩人會走在相同的路上、合力養育孩子、守護家庭。

人生中，或許再沒有比這更強的牽絆。正因為是如此強烈的牽絆，人們不禁會希望對方了解自己，也想了解對方的一切。想擁有百分百心靈相通的關係。深深以為這才是理想的夫妻關係。

可是，人與人是不可能百分百心靈相通的。

當你希望對方理解自己，你又完全了解自己嗎？自己是否擁有堅持不變的信念呢？

人的心每天都在改變。結婚當時與經過五年後的現在，你自己也變得不一樣了。所以不可能要求對方完全理解你。

我認為，彼此只要理解七成就很夠了，剩下的三成，不相互理解也可以。

為了能相互理解，人們會求助於語言。

想用語言表達自己的情緒，而且會想聽對方說些什麼。雖然語言很重要，但要知道，這並非全部。

例如為了丈夫努力製作美味的料理，期待能聽到他說：「好好吃！」可是丈夫卻沒說那句話。新婚時還會這麼讚美，至今卻一直都沒說過好聽話。因為累積了這些不滿，不禁就出口責備。

這種心情不是希望對方理解自己，不過是自己的心在渴求自我滿足罷了。

若丈夫沒說話，可以仔細觀察丈夫的表情。吃了一口妻子做的菜後，丈夫的表情會隨即出現變化，可以從那瞬間的表情中讀到他的心聲。

試著觀察丈夫的表情，若雙目交會，就展露微笑。當丈夫面對妻子這樣的笑容，想必也會回以微笑。即便不說話，也充分地傳達出了「好吃」的心意。這不正是夫妻嗎？

我認為，夫妻之間不用刻意說出感謝的言語也能理解對方的心意，這就是成熟的夫妻關係。

在這層意義上，夫妻就如同空氣般的存在，是貼近自己也最重要的存在。

不會注意對方總是在身邊，可是若不在了，又會焦躁不安。

有句禪語是：「以心傳心。」

意思是，透過心靈來傳達言語無法表達的省悟與真理。或許夫妻就是這個樣子。

多年相伴的夫妻能看透彼此的心。對方想吃什麼？是不是有些累了？就算不說出口也知道。在對方脫口說出累了之前，就能體貼地問對方：「要不要休息一下？」

這瞬間，正是夫妻間的幸福。

要能看透彼此的心意並不是相處一、兩年就能做到。

如此溫暖的關係是經過長時間一點一滴培養出來的。時間，孕育了兩人的心。正因如此，才不可焦急。即便對方有不了解自己之處，也不可以焦急、強迫對方去理解。

「總有一天對方會了解我的。」這麼想著並隨順而去是很重要的。不要刻意去爭論意見不同處，輕輕帶過就好。

有的時候，雖然在一起好多年了，對方仍無法了解自己，若是如此，就想成那是無法相互理解的三成。無法相互理解的三成，只要別過眼去，別勉強彼此就好。

說得更甚些，理解哪裡、不理解哪裡，不需要分得這麼清楚。

請理解，這就是人心。

含糊不清中
有著安寧

日本人從以前就很重視含糊不清。

不會將事物分黑白，說話、想法都不局限於其中一者。

若清楚區分事物的黑白，一定會產生對立。

為了巧妙避開對立，所以刻意含糊不清。

日本屬神道之國，佛教是後來才傳入的。若是在他國，或許會因此產生宗教對立。現實是，現今世界上仍有宗教對立。

可是日本人卻平和地接受新來的佛教。因為不論是神道還是佛教，對日本人而言，都是重要的神、佛，所以同時有這兩者也沒什麼不好。

盂蘭盆節時去寺院參拜，過新年時去神社參拜，或許有人會覺得這民族很奇怪。但對日本人來說，重要的是誠心誠意雙手合十，不論是對佛還是對神都可以。在懷想祖先、雙手合十的過程中，獲得心靈上的安寧。

但是像這樣含糊不清的好處，漸漸一點一滴失去了。人們遵循從歐美傳來的價值觀，認為把一切區分成黑白就是好的。明確表達YES跟NO是好的，不允許模稜兩可的答案。

當然也不是所有事物都是含糊不清的。

工作上，有時區分明確是比較好的。可是若過於偏向二選一的思考，生活方式就會變得很局促。

二選一的想法會生出多餘的念頭。

例如女性會在意自己是不是美女。

將世間的女性分為美女和不是美女，並認為美女比較幸福。對於比自己美的人心懷自卑，要找出不漂亮的人才會比較安心。

這是很沒有意義的事。是不是美女不是由誰來決定的。生為美女的女性，是否真的過上百分百幸福的人生呢？人的魅力不是那麼單純的東西。

有很多東西是無論如何都無法明確區分黑白的，尤其是人的心。

有人會問：「你愛我嗎？」

大家都會想聽到明確的答案。但這個問題並沒有明確的答案。

說愛一個人的全部是在撒謊，說完全不愛也是撒謊。愛之中有著討厭的部分，就算還不到愛的地步，也一定會有喜歡的部分。

總之，只回答出單一方面的答案是不可能的。

不需要現在就立刻將眼前的事物區分黑白。

例如工作時，即便覺得現在的工作不適合自己，也不要立刻辭職。先暫時把不適合的想法稍微放一邊，試著持續下去看看。別想著喜不喜歡，試著盡心盡力於眼前的工作。

若心懷迷惘，就先暫時把事情放一邊，別立刻提出結論，這也是一個方法。

自己找不出的答案經常在隨順自然後就獲得解決。

若想抉擇出其中一方，就等同執著於某一方。這會讓人生受到束縛，絕不會有幸福。

有句禪語叫：「兩忘。」正是在教導我們不要執著於任何事物。不論是苦是樂，都要忘卻，別片面下判斷。

若現今很苦，就忘了痛苦。

若處在快樂中，也不可以沉浸其中。活在能接受所有事物的含糊不清中。遠離清楚區分一切的想法，不論是面對生死、輸贏、貧富、得失還是好惡。

因為心想著「哪一種都好」，不必要的煩惱就會變淡薄。

32

漁夫生涯竹一竿

現在正活著。
只要這樣就好

有句禪語叫：「漁夫生涯竹一竿。」

若是直譯，意思就是「漁夫為了生計，只要有一根釣竿就行了」。

亦即，人為了活下去，絕對必要的東西是非常少的。其他所有東西，對活下去來說都是多餘的。這句話在教導我們，要捨棄多餘的東西，找出真正重要的事物。

若是如此，那麼對你來說，「一根釣竿」是什麼？

有人說：「我只要有電腦就能工作」「我要是沒手機就活不下去」「最重要的東西是由金錢來決定的」。

可是這些全都無法成為「一根釣竿」。電腦、金錢等如此表面的東西不應該是人生中最重要的。

我們禪僧被要求有段期間要做雲水的修行。

修行期間因人而異，一般是一年到三年左右。當然也有人是超過十年。

這個修行非常嚴苛，我在二十多歲時曾經歷過，依然時不時會想起那段刻苦生活。

每天早上四點起床。首先會進行早上的坐禪，叫做「曉天」。結束坐禪後就開始誦經。之後是用抹布打掃擦拭自己負責的地方，例如本堂、走廊等。在寒冬中也是光著腳。做完這些後，才終於開始吃早餐，之後則是進行寺院境內的打掃等。

吃飯時基本上是一菜一湯。早上是粥、味噌湯、兩片醃黃蘿蔔。禁止吃肉和魚。

現在雖然稍微增加了些，但我修行時一天攝取的卡路里約為七百，約為成年男性的三分之一。三百六十五天都持續過著這樣的生活。

這已經不是餓肚子這麼簡單的事。幾乎所有的雲水僧在經過一、兩個月後都會營養失調或罹患腳氣病。

我也出現了營養失調的症狀。總之就是腦袋空空一片。就算唸經，也完全無法思考。全身疲倦，就連要爬個樓梯都很困難。有時走在平坦的道路上也會跌倒。

或許照這樣下去，自己的體力將無法持續而跟不上修行。針對「跟不上」這件事，我第一次真切體會到了恐懼。實際上，有超過十名雲水僧都因為跟不上而遠離修行。

在雲水時代裡，我清楚意識到自己的「一根釣竿」，那就是——現今還活著。

人一定會死。這不是一、兩百年後的事。死就等在十年後、幾年後非常近的未來。

或許死亡會突然在明日造訪。實際這麼感受到時，就會覺得現在還活著簡直是奇蹟。

有個父親的年幼孩子亡故了，他對我說：

「工作什麼的都無所謂。我也不要錢，甚至可以賣了房子。我連自己的命也不要了。只希望那孩子不要死。我在心中一直這麼祈禱著。」

對這對父母親而言，自己孩子的命，就是那「一根釣竿」。

要感謝自己到現今還活著。若這樣的心意變淡薄了，就代表自己已經忘了真正重要的東西。

當我們被不必要的欲望所擄獲，而且還收集了許多多餘的「釣竿」，最後就會遺失珍貴、重要的那一根釣竿。

你現在正活著。或許有著各種煩惱，在痛苦中苟延殘喘。即便如此，你仍確實活著。

正因為活著，才能感受到痛苦或煩惱。若是死了，一切就都沒有了。沒有只有痛苦的人生。痛苦的對面，一定有喜悅在等著你。煩惱之後，會有意想不到的幸福在等你。如此相信著，並感謝自己還活著吧。

或許有人正遭受病魔的襲擊。或許有人來日無多。

即便如此，一直到命終的那個瞬間，你都是活著的。希望大家在這段時間中心懷感謝，並珍惜現在這個瞬間。

對我們而言，「一根釣竿」可以說就是「一條命」。

33

不生不死

思考死，也就是思考生

若這世間有所謂的真理，那就只有一個。

亦即，人一定會迎來死亡。

生死是絕對無法改變的。佛教以「不生不死」這句話來表現。

生只能生，死只能死。這不過是單純的現象，兩者都是一樣的。這同時也在說明能超越兩者的生存方式。

這樣的說法有點難懂，但總之，就是教導我們，即便畏懼死亡，也要在還活著的時候想到死亡。

人都恐懼死亡。

因為恐懼，所以不願意去想。此外，因為相信死亡離自己很遠，才會想逃開那恐懼。同時忌諱、討厭說死，覺得那很晦氣。

當然，用不著刻意去想到死亡。面對不知何時會來訪的死亡，不需要過度擔心。

不過，要在心中某處凝視死亡。透過意識到死亡總有一天會來訪，就能對活著這件事心存感謝。

我認為對活著心懷感謝，人就能踏上積極的人生。

釋迦摩尼佛以「四馬」來比喻「生老病死」，總共用四匹馬寫成。

「馬匹之中，有聰明與駑鈍的馬。最聰明的馬是人在要揮鞭時，只要看到映在腳邊的人影就會奔跑；第二聰明的馬是人揮下的鞭子碰到屁股尾巴的瞬間時奔跑；不怎麼聰明的馬是在鞭子啪一下碰到屁股的瞬間才跑；最駑鈍的馬則是在鞭子打到屁股、感到疼痛了才跑。生老病死就與此相同。」

若以這四馬來比喻，最聰明的人在還健康活著時，就會想到死。不認為活著很理所當然，經常都會對此心懷感謝。

其次的人是在自己老了之後才開始思考死亡。對照世間的平均壽命，開始意識到自己不會再長久活下去。

再其次的人是自己生病後才初次意識到死亡。此前從未想過這件事。

但是我們經常能聽到的例子是，很多人是罹患重病時才不得不去思考死亡，理解健康的重要。

而最後則是接觸到自己的親友死亡，才終於初次注意到人會死。以前總是深信著父母會一直活著，相信能活得比平均壽命還要長壽許多。

但其實他們並非相信這件事，只是不肯去正視父母的死罷了。

雖然我們的大腦能理解人總有一天會死，但心卻不肯接受。因為心不肯接受，才不禁忘了對父母的愛。

如果在心中有意識到父母會死、對父母還活著這件事心存感謝，就應該去看看父母。因為很遠、因為沒時間，在想這些藉口之前，應該去看看父母。

因為把死亡封閉在心靈內，所以才會想著下次再去。

但死亡是會突然造訪的。有人是收到了雙親倒下的通知才急急趕往，但躺在床上的母親雙手已冷，再也不會回握自己了。

即便喊著「媽媽」，也不會有人回應。那時才知道活著的喜悅、幸運，已經太晚了。

我們並非單靠自己的力量而活，而是因著一個龐大的力量才能活下去。我們被賦予生命而活著。正因如此，才必須珍惜活著這件事。直到臨終，我們都必須活下去，必須珍惜如奇蹟般的生命。生與死並非相反的極端。生與死是共存並行的。

34

冷暖自知

正視痛苦，心靈才會強大

所有人都希望自己變堅強，能正視、應對苦難。
人在一帆風順時，心中的強悍就會出現。
可是，一旦順風停止並開始吹起逆風，人就會突然變軟弱，停在該處猶疑著是否要迎向逆風，想著該怎麼逃跑。
可是我們並無法逃開逆風。
即便背過身來不面對逆風，也什麼都解決不了。人生不可能總是順風。不，吹起逆風的時候反而顯著地多。
我們無法逃離痛苦、悲傷的襲擊。如果真有可以放著不管而逃開的痛苦，那就不能說是真正的痛苦。被逃不了的痛苦襲擊時，只有正面迎擊這個方法。
一旦養成逃避的習慣，人就會經常東躲西逃。但我們無法完全逃掉苦難。既然逃不掉，就只能靠自己的力量去面對。
像是痛苦、悲傷這類負面感情也是心靈的糧食。透過這些情感，心靈會成長。這就是禪的思考方式。

換個說法，人在一帆風順中是不會成長的，在逆風中前進才能成長。

若期望能擁有堅強的心靈，就要經常抱有覺悟，要全盤接受襲擊自己的負面狀況。

人最大的悲傷，就是重要的親人去世。

年幼的孩子死亡、雙親死亡、心愛的丈夫死亡。這些悲傷真是筆墨難以言盡。

大地震與海嘯侵襲了日本的東北地方*，瞬間奪去了珍貴的生命。撕心裂肺的痛苦襲擊了許多人。

我沒有話可以安慰這些人的心。

在那個時候，我只能對著遙遠的天空不斷向東北的人們說：

「請放聲哭泣到眼淚流乾為止吧。」

就算無法排解悲傷也無所謂。不需要勉強表現出精神、有朝氣的模樣。

只希望他們能接受悲傷，盡情流淚，忘我地哭泣。這也是一種面對悲傷的方法。

深刻的悲傷無法被療癒。只要活著，眼淚就不會乾涸。即便如此，只要漂流在悲傷之海上，就一定能找見救命的浮板。一定能找到某種能支撐心靈的東西，讓自己不沉沒於悲傷中。

我相信，心靈的強韌會以不同的形式出現在該人面前。

不可以逃避悲傷。要正面接受悲傷，這也是賦予留下的人的任務。

人們總是不禁會別開眼不去看內心的痛苦、悲傷或煩惱。

可是，事情不會因別開眼不去看就消失。別開眼不去看的痛苦、悲傷會一直纏著你的人生不放，如影隨形。

要消去這影子的方法只有一個，就是正面迎擊。正面迎擊時，心中請隨時這麼想著：

「正是因為活著才會感到痛苦。」

＊註：指三一一大地震。

在禪之中有句話叫：「冷暖自知。」

意思是說，不論是冷是暖，所有的感覺都要體驗過才會知道。

人生之所以會感到痛苦、喜悅、悲傷、煩惱，正是因為現今還活著。

活著就是承擔自己所感受到的一切情感。若是死了，就能從所有感受中獲得解放。所有人總有一天都會去到沒有痛苦也沒有悲傷的世界去。所有人都會前往西方極樂世界。

直到前往西方極樂世界之前的這段時間，就是我們被賦予的時間。不可以無謂地浪費這段重要的時間。應該正視所有降臨在自己身上的事，不可以逃避。

這份堅強，是人本有的。

國家圖書館出版品預行編目(CIP)資料

擺脫執著與束縛,讓人生過得更美好 : 傾聽內心的聲音,坦率做自己/枡野俊明作 ; 楊鈺儀譯. -- 初版. -- 新北市 : 智富出版有限公司, 2021.03
面；　公分. --（風向 ; 111）

ISBN 978-986-99133-5-5（平裝）

1.禪宗　2.生活指導

226.65　　109020312

風向 111

擺脫執著與束縛，讓人生過得更美好：傾聽內心的聲音，坦率做自己

作　　者 / 枡野俊明
譯　　者 / 楊鈺儀
總　　編 / 簡玉芬
編　　輯 / 李雁文
編集協力 / 網中裕之
封面設計 / 鄭婷之
出 版 者 / 智富出版有限公司
地　　址 / (231)新北市新店區民生路19號5樓
電　　話 / (02)2218-3277
傳　　真 / (02)2218-3239（訂書專線）
劃撥帳號 / 19816716
戶　　名 / 智富出版有限公司　單次郵購總金額未滿500元（含），請加60元掛號費
酷 書 網 / www.coolbooks.com.tw
排版製版 / 辰皓國際出版製作有限公司
印　　刷 / 傳興彩色印刷有限公司
初版一刷 / 2021年3月

I S B N / 978-986-99133-5-5
定　　價 / 320元